Kommunale Selbstverwaltung am Ende dieses Jahrhunderts.

Ist das politische Konzept noch tragfähig?

FVSG
FREIHERR-VOM-STEIN-
GESELLSCHAFT E.V.
SCHLOSS CAPPENBERG

Cappenberger Gespräche der Freiherr-vom-Stein-Gesellschaft

Bd. 29

KOMMUNALE SELBSTVERWALTUNG AM ENDE DIESES JAHRHUNDERTS.

IST DAS POLITISCHE KONZEPT NOCH TRAGFÄHIG?

Ein Cappenberger Gespräch

mit Referaten von
Thomas Ellwein und Janbernd Oebbecke

veranstaltet am 2. Oktober 1997 in Dortmund

Grote

Redaktion: Thomas Küster

Die Deutsche Bibliothek — CIP — Einheitsaufnahme

Kommunale Selbstverwaltung am Ende dieses Jahrhunderts: ist das politische Konzept noch tragfähig? / ein Cappenberger Gespräch, veranstaltet am 2. Oktober 1997 in Dortmund. Mit Referaten von Thomas Ellwein und Janbernd Oebbecke. [Red.: Thomas Küster]. - Köln: Grote, 1998

(Cappenberger Gespräche der Freiherr-vom-Stein-Gesellschaft; Bd. 29)

ISBN 3-17-015714-0

Gesamtherstellung: Druckerei Josef Kleyer, Münster
Printed in Germany 1998
ISBN 3-17-015714-0

INHALT

Eberhard Laux
Vizepräsident der Freiherr-vom-Stein-Gesellschaft

Begrüßung

Frau Bürgermeisterin Wendzinski,
meine sehr verehrten Damen und Herren,

im Namen der Freiherr-vom-Stein-Gesellschaft und stellvertretend für unseren Präsidenten, Herrn Neuber, der Sie eigentlich begrüßen wollte, möchte ich Sie herzlich im Ratssaal der Stadt Dortmund willkommen heißen. Wie Sie wissen, wird sich unser heutiges - das 30. - Cappenberger Gespräch mit den Perspektiven der kommunalen Selbstverwaltung in Deutschland befassen. Ich meine, es ist kaum ein besser geeigneter Tagungsort für dieses Thema denkbar als der Ratssaal einer früheren freien Reichsstadt, in dem Tradition und Modernität bereits zu einem gewissen Ausgleich gefunden haben. Ich hoffe und wünsche, daß dieser Schauplatz praktizierter und lebendiger Selbstverwaltung vielleicht auch ein wenig inspirierend auf den Verlauf der heutigen Diskussion wirken möge. Ich darf mich deshalb noch einmal ganz besonders bei der Stadt Dortmund und ihren Vertretern und Vertreterinnen dafür bedanken, daß Sie diese Veranstaltung mit ermöglicht und tatkräftig unterstützt haben.

Dortmund ist uns ohnehin sehr verbunden, da es seit Beginn der FVSG in das Netz der Veranstaltungsorte einbezogen war. Das bot sich angesichts der räumlichen Nähe zum damaligen Vereinssekretariat auf Schloß Cappenberg an. Im Herbst 1952, also noch im Jahr ihrer Gründung, beabsichtigte die Gesellschaft, „erstmalig vor eine größere Öffentlichkeit zu treten". Man konnte den Bundestagspräsidenten Hermann Ehlers für eine Veranstaltung gewinnen und setzte sich das Ziel, „dem staatlichen Leben Volkskräfte zuzuführen und auf diese Weise zur Stärkung echten Staatsgefühls im Geiste sittlicher Verantwortung eines jeden beizutragen" - so drückte es der damalige Vorsitzende, Oberbergrat a.D. Theo Keyser, in einer staatspolitischen und moralischen Tonart aus, die für die Frühzeit der jungen Bundesrepublik typisch war. In ähnlichem

Stil hielt dann auch Hermann Ehlers am 17. November 1952 im Goldsaal der Dortmunder Westfalenhalle den erbetenen Vortrag über „Stein als Wegbereiter der deutschen Einheit". Heute, nach Erlangung der deutschen Einheit, registriert man es mit besonderer Aufmerksamkeit, daß Ehlers darin den Zusammenhang von nationaler Einheit, der Freiheit des Staatsbürgers und dem „Gefühl für Recht und Pflicht" des einzelnen betonte. - Soweit eine kleine historische Reminiszenz zu unserem heutigen Tagungsort.

Die Freiherr-vom-Stein-Gesellschaft hat es sich zur Aufgabe gemacht, die reformerischen Ideen Steins (insbesondere sein Eintreten für eine bürgernahe, dezentral ausgerichtete Verwaltung) lebendig zu halten, aber zugleich auch immer wieder auf den Prüfstand zu stellen. Diesem Zweck dienen die Cappenberger Gespräche, die seit 1962 (in jenem Jahr auf Schloß Cappenberg, dem Alterssitz des Freiherrn vom Stein) veranstaltet werden. Das 30. Gespräch haben wir mit der Frage verbunden: „Kommunale Selbstverwaltung am Ende dieses Jahrhunderts. Ist das politische Konzept noch tragfähig?" - ein Thema, das - wie ich finde - sich für die Stein-Gesellschaft geradezu aufdrängen mußte.

Nach einer langen Erfolgsgeschichte und den unbestrittenen Leistungen, welche Kreise, Städte und Gemeinden über Jahrzehnte hinweg für eine umfassende Strukturpolitik auf lokaler und regionaler Ebene erbracht haben, steht die kommunale Selbstverwaltung in den nächsten Jahren vor großen Herausforderungen. Seit dem Ende der 80er Jahre sind die Kommunen in erheblichem Umfang mit zusätzlichen finanziellen Belastungen im Bereich der sozialen Sicherung konfrontiert worden. Andere Aufgaben drohen dadurch auszutocknen, so daß die Handlungsspielräume der kommunalen Selbstverwaltung allmählich verloren gehen.

Weiterer Anpassungsdruck entsteht durch die Folgewirkungen von Globalisierung und Regionalisierung. Die Globalisierung der Wirtschaft und der Kommunikationswege wird die Möglichkeiten nationaler Politik zunehmend verringern. Damit können auf die Regional- und Kommunalpolitik aber auch neue Anforderungen zukommen, denn sie werden einen Teil jener ordnungspolitischen Aufgaben übernehmen müssen, die im nationalen und europäischen Rahmen nicht mehr zu erfüllen sind. Bei der Anpassung ihres Verwaltungsbetriebes an die anspruchsvoller gewordenen Bedürfnisse ihrer Bürger haben die Kommunen schon vor einiger Zeit große Anstrengungen unternommen. Es wird allerdings in diesem Zusammenhang auch die Frage gestellt, wie weit die - sicher notwendige - betriebswirtschaftlich angeleitete Modernisierung und Anpassung der Verwaltung im Einzelfall vorangetrieben werden kann, ohne daß die Städte in ihrer Funktion als soziale Gemeinwesen Schaden erleiden. Soviel als Vorbemerkung.

Ich möchte schon jetzt allen Damen und Herren, die sich für die Teilnahme am 30. Cappenberger Gespräch zur Verfügung gestellt haben, den Dank unseres Präsidiums aussprechen. Ich freue mich auf eine interessante Tagung und engagierte Diskussionen. Zunächst möchte ich das Wort jedoch an Frau Wendzinski weitergeben. Sehr geehrte Frau Bürgermeisterin, haben Sie herzlichen Dank, daß wir hier bei Ihnen zu Gast sein dürfen.

Marianne Wendzinski
Bürgermeisterin der Stadt Dortmund

Grußwort der Stadt Dortmund

Sehr geehrter Herr Vizepräsident, verehrte Herren Professoren Ellwein und Oebbecke, meine Damen und Herren,

ich heiße Sie sehr herzlich im Dortmunder Rathaus willkommen. Es ist der Stadt Dortmund eine große Freude, Ihre Gesellschaft zu Gast zu haben, eine Gesellschaft, die den Namen des Reichsfreiherrn Karl vom und zum Stein im Namen führt, also jenes Reformers, der mit seiner „Ordnung für sämtliche Städte der Preußischen Monarchie" im Jahre 1808 die Grundlage für die von der Bürgerschaft selbstverwaltete Stadt geschaffen hat.

Hier in Westfalen galt allerdings zunächst weiterhin das französische Kommunalrecht mit einer weitreichenderen Aufsicht des Staates gegenüber den Gemeinden, also ein Zustand, den wir immer noch oder schon wieder beklagen.

Das Thema „Einschränkungen des kommunalen Selbstverwaltungsrechts" ist also alles andere als neu, aber ich behaupte, daß dessen Folgen noch nie so einschneidend für die Gemeinden waren wie heute. Dies liegt natürlich auch daran, daß die Bürgerinnen und Bürger - unter den heutigen gesellschaftlichen Rahmenbedingungen - noch nie so anspruchsvoll in Bezug auf die Leistungen ihrer Stadt gewesen sind und die Tatsache, daß öffentliche Angebote eingeschränkt oder gar beseitigt werden müssen, daher als besonders schmerzlich empfinden. Aber die Anforderungen der Bürger bestehen zu Recht: Auch wenn das Grundgesetz neben der institutionellen Garantie der Selbstverwaltung keine Bestandsgarantie für einen gegenständlichen Wirkungskreis enthält, ist sie in ihrem Kernbereich doch tangiert, wenn die Möglichkeiten zur Durchführung der sogenannten freiwilligen Aufgaben (bei denen die Gemeinden Gestaltungsspielraum haben) allmählich gegen Null tendieren.

Die Klagen der Gemeinden, zuletzt auch sehr plakativ von der Präsidentin des Deutschen Städtetages vorgetragen, hört man zwar, aber ich glaube, sie werden mehr als Ritual angesehen und daher nicht recht ernst genommen. Bemerkenswert ist, daß nunmehr auch der Bundespräsident die Schwächung der kommunalen Selbstverwaltung beklagt hat. Im Rahmen einer Feierstunde anläßlich der Unterzeichnung des „Großen Schwörbriefs" vor 600 Jahren, durch die der Konflikt zwischen Zünften und Patriziern beendet wurde, wies Herzog auf die Versuche des Bundes, der Länder und der EU hin, die Kosten ihrer Beschlüsse den Städten und Gemeinden zuzuschreiben. Den Städten und Gemeinden werde damit der gestalterische und finanzielle Spielraum genommen. Eine starke Selbstverwaltung sei aber die wichtigste Chance für die Zukunft der Städte.

Ein Negativbeispiel in diesem Zusammenhang ist die Umsetzung des Rechtsanspruches auf einen Kindergartenplatz. Für die Schaffung von zusätzlichen Plätzen investiert die Stadt Dortmund 17,5 Millionen DM. An zusätzlichen Betriebskosten müssen im laufenden Haushaltsjahr u.a. auch durch die geschaffenen Sofortmaßnahmen 8,3 Millionen DM, im kommenden Haushaltsjahr 9,5 Millionen DM aufgebracht werden. Der sogenannte „Katalog der Grausamkeiten", den der Deutsche Städtetag schon 1996 zusammengestellt hat, wird immer länger. Damit aber sinkt die Attraktivität der Städte und das Interesse von Investoren, sie als Standort zu wählen. Die Folge ist, daß sich die Schere zwischen Steuerrückgang und Sozialhilfeausgaben immer weiter öffnet.

Ich sage dies, obwohl die kommunalen Finanzen heute nicht im Mittelpunkt Ihrer Erörterungen stehen werden. Aber die Finanzen stellen nun einmal die zentrale Rahmenbedingung für kommunales Handeln dar. Es ist daher erschreckend, daß in Nordrhein-Westfalen bereits jede zweite Gemeinde keinen ausgeglichenen Haushalt mehr vorlegen kann.

Das ist auch bei uns in Dortmund der Fall und wird sich in nächster Zeit nicht ändern. Dennoch versuchen wir, dieser Entwicklung mit vielfältigen Konzepten und Maßnahmen zu begegnen, um den Wirtschaftsstandort Dortmund zu stärken und uns damit Handlungsmöglichkeiten zu erhalten: Dazu gehören die Umsetzung eines Konzeptes zur funktionalen Aufwertung der City als Einkaufs- und Erlebniszentrum ebenso wie unsere Bemühungen um die Entwicklung von Standorten für Gewerbe- und Dienstleistungen, um Beschäftigungsförderung und Qualifizierung und nicht zuletzt unsere Anstrengungen, die Verwaltung nach betriebswirtschaftlichen Kriterien umzubauen und zu verschlanken, ohne die Service-Angebote gegenüber den Bürgerinnen und Bürgern einzuschränken. Aber wir können das auf Dauer allein nicht schaffen. Überfällig ist eine Finanzreform, die klärt, welche Aufgaben die Gemeinden haben, um sie dafür entsprechend mit Geld auszustatten. Bisher gibt es dafür keinen Anspruch der Gemeinden. Das Konnexitätsprinzip gilt eben nur zwischen dem Bund und den Ländern.

Für richtig halte ich den Weg, der in einer Gesetzesinitiative der Koalitionsfraktionen in Düsseldorf aufgezeigt wird: Mit dem sog. Kommunalisierungsmodell soll den Städten und Gemeinden mehr Selbständigkeit zugestanden werden. Dabei soll erprobt werden, ob bestimmte Aufgaben durch Freistellung von Vorschriften in Gesetzen und Verordnungen des Landes in eigener Verantwortung der Gemeinden ohne Qualitätsabstriche effizienter und kostengünstiger erfüllt werden können.

Die Forderung nach einer Beteiligung der Gemeinden an der Verabschiedung der sie betreffenden Gesetze durch die Einrichtung von Gemeindekammern auf Landesebene innerhalb unseres föderalen Systems bleibt aber nach wie vor aktuell. Ich betone: „Innerhalb des föderalen Systems“ deshalb, weil dieses System gerade in der Kritik steht. Der Bedeutungsverlust der kommunalen Selbstverwaltung im föderativen Staatsaufbau der Bundesrepublik wird bei der heutigen Veranstaltung mit im Vordergrund stehen. Deshalb möchte ich hierzu auch noch einige Gedanken äußern.

Die von mir zuvor zitierte Kritik an diesem System kommt bezeichnenderweise, soweit mir bekannt, nicht von den Gemeinden. Für sie hat es sich gerade wieder bewährt. Denn ohne die Haltung der Länder im Bundesrat wäre die Gewerbekapitalsteuer abgeschafft worden, ohne daß den Gemeinden eine mit Hebesatzrecht ausgestattete wirtschaftskraftbezogene Steuerquelle auch zukünftig garantiert würde. In Dortmund geht es nach Aussage unserer Kämmerei dabei um einen Betrag von ca. 60 Millionen DM.

Der Föderalismus ist wie die kommunale Selbstverwaltung Ausdruck des gleichen politischen Grundgedankens: Bewußte Abkehr von einem zentralistischen Staatssystem aus geschichtlicher Erfahrung. Ich halte es daher für falsch und gefährlich zugleich, dieses System aufgrund aktueller bundespolitischer Schwierigkeiten bei der Durchsetzung einseitig für richtig gehaltener Gesetzesvorhaben in Frage zu stellen, damit, wie die Süddeutsche Zeitung kürzlich schrieb, „Regierungspolitik zukünftig besser flutschen kann". Die hohe Arbeitslosigkeit hat viele Ursachen, die Verfassung ist dafür allerdings nicht haftbar zu machen.

Ausdrücklich stimme ich Klaus von Dohnanyi zu, der im Cappenberger Gespräch 1991 in Magdeburg zum Thema „Föderalismus in Deutschland" darauf hinwies, welche entscheidende Bedeutung unser Verfassungssystem zur Entwicklung der Bundesrepublik geleistet hat. Er zieht eine Parallele zwischen den betriebswirtschaftlichen, auf Dezentralisation von Entscheidungsebenen ausgerichteten Führungssystemen und den föderalen Strukturen unseres Bundesstaates, denen man in der Systematik ohne weiteres die kommunale Selbstverwaltung hinzurechnen darf. Alle diese Systeme sind, so von Dohnanyi, Ausdruck einer immer differenzierter werdenden Arbeitsteilung, in der eine Zentrale die Komplexität der Einzelentscheidungen nicht mehr übersehen kann.

Im Rahmen des europäischen Einigungsprozesses, der durch den Vertrag von Maastricht neue Dynamik bekommen hat, ist dieser Gedanke von besonderer, aktueller Wichtigkeit. Auf dem Gipfeltreffen europäischer Regionen und Kommunen vom 14. bis 16. Mai 1997 in Amsterdam wurden denn auch zu Recht die Bedeutung der Kommunen und Regionen in Europa und deren Forderungen an die Reform des Maastrichter Vertrages in Erinnerung gebracht. In der Schlußerklärung heißt es, daß die Europäische Gemeinschaft durch die Wirtschafts- und Währungsunion vor einer Bewährungsprobe bisher unbekannten Ausmaßes stehe. Ich füge hinzu: Dies gilt auch für die Akzeptanz durch ihre Bürger. Zur Bewältigung dieser Herausforderungen brauche Europa die volle Unterstützung der Regionen, Städte und Gemeinden in ihrer Vielfalt und in ihrer Autonomie. Eigenverantwortlichkeit der Regionen *und* kommunale Selbstverwaltung mit einer möglichst bürgernahen Verwaltungsebene seien dafür gleichsam Grundbedingung. Das regionale und das kommunale Selbstverwaltungsrecht müsse daher auch gegenüber dem Handeln der Europäischen Union garantiert werden.

Lassen Sie mich an dieser Stelle nur kurz anmerken, daß die spannende Diskussion über das Verhältnis von lokaler Selbstverwaltung, Regionalismus und Föderalismus uns noch einige Zeit beschäftigen wird. Wachsamkeit ist auf jeden Fall geboten. Vertrauen auf die Vernunft der Handelnden reicht oftmals nicht aus. Ich erhoffe mir, daß uns diese Tagung, und da bin ich sehr Interessenvertreterin der Kommunen, in der skizzierten Problematik weiterhilft.

Aber nicht nur deshalb wünsche ich Ihrer Tagung einen guten Verlauf und Ihnen allen einen angenehmen Aufenthalt in unserer Stadt.

Eberhard Laux

Einführung

Die deutsche kommunale Selbstverwaltung ist das älteste politische und administrative Element unserer modernen öffentlichen Organisation. Älter als die Länder oder der Gesamtstaat, stabiler in ihrer Struktur, beständiger in ihrer Wirkungsweise. Generationen von Bürgerinnen und Bürgern haben sich darauf verlassen können, daß sie in den Gemeinden, Städten und Kreisen Leistungen erhalten konnten, die ihnen einen hohen Lebensstandard garantierten. Auf dem Wege zur Demokratie unserer Zeit war sie ein Meilenstein von höchster Bedeutung. Heute ist sie in ihrem Konzept Beispiel für manche neuen Kommunalordnungen bei unseren östlichen Nachbarn. Man könnte beruhigt sein, auch wenn man sich um die historische Bedeutung der kommunalen Selbstverwaltung keine großen Gedanken macht. Warum dann aber die Frage nach der Zukunft dieses Grundkonzepts?

Kommunale Selbstverwaltung setzt ein hohes Maß an Freiheit in Politik und Gesellschaft voraus. Freiheit ist ein konstitutives Element. Die Freiherr-vom-Stein-Gesellschaft hat sich schon 1983 in Münster diesem Thema gestellt und auch auf Entwicklungen hingewiesen, die die Statik dieses stattlichen Baus bedrohen können; solche Gefährdungen haben beständig zugenommen. Ihnen ist nicht mehr mit Zweckoptimismus und trotzigem Beschwören alter Tugenden beizukommen. Nüchterne Standortbestimmung tut Not, Antworten ohne „Weinerlichkeit" (Roman Herzog), aber mit dem Mut zu Projektionen sind erforderlich. Wir wollen versuchen, dabei behilflich zu sein.

Was bedrängt nun die kommunale Selbstverwaltung der Gegenwart? In erster Linie gewiß die für alle Zukunftsperspektiven unerträgliche Ungewißheit über die Finanzierbarkeit des kommunalen Aufgabenfeldes. Aber das ist nicht das alleinige Problem. Da ist anderes, nicht minder Gewichtiges:

- Stimmt die Gleichsetzung von kommunaler Selbstverwaltung und bürgerschaftlichen Interessen noch in dem Maße, das die Idee der Selbstverwaltung voraussetzt?

- Hat die kommunale Selbstverwaltung überhaupt noch die offenen Entscheidungsräume, von denen der Artikel 28 Absatz 2 des Grundgesetzes und die entsprechenden Bestimmungen der Länderverfassungen ausgehen? Existiert noch eine Planbarkeit kommunaler Aufgaben? Ist nicht vielmehr die kommunale Selbstverwaltung auf dem Wege, zur reinen Umsetzungsebene zentraler Programme mit Vollzugscharakter zu degenerieren? Wo bleibt dann die notwendige Kongruenz von Verfassungsauftrag und politischer Realität?
- Was ist von ihrer Organisationsfreiheit geblieben, wenn die Länderparlamente sich gegenseitig in Änderungen der kommunal relevanten Gesetze überbieten und sich kontinuierlich der kommunalen Organisation bemächtigen? Wo besteht der Freiraum, wenn offenbar ordnungspolitische Vorstellungen die Priorität vor der Erhaltung stabiler Institutionen haben sollen?

Das mögen einige Fragen sein, die schon vor Jahren unbeantwortet geblieben sind. Nun kommt Neues hinzu:
- Die meisten Länder der EU haben eine andere Vorstellung von der Dezentralisation öffentlicher Verwaltung und deren politischer Legitimation. Sie kennen nicht das Ausmaß an föderaler Abschichtung der Handlungsebenen. Werden sie nicht das deutsche Konzept für zu kompliziert, zu hinderlich für rasche zentrale Entscheidungen, zu aufwendig in der Koordinierung ansehen, wenn es darum geht, Aufgaben und Kompetenzen neu zu ordnen? Kurz: Auf welche Tendenzen stößt man in der europäischen Diskussion?
- Die gegenwärtig virulenten internationalen Diskussionen um New Public Management, insbesondere um das Ausmaß von Privatisierungen, drohen am Selbstverständnis der deutschen Selbstverwaltung vorbeizugehen. Gewiß, es sind große Anstrengungen erforderlich, um die Kommunalverwaltungen den Anforderungen des 21. Jahrhunderts durch eine umfassende Verwaltungsmodernisierung anzupassen. Eine grundlegend verbesserte Wirtschaftlichkeit ihres Leistungsangebots ist existenzsichernd. Sie waren aber schon immer erfolgreiche Dienstleister, auch wenn man die Vokabel nicht ständig im Munde führte. Läßt man die beklagenswerte Unkenntnis und die modische Effekthascherei mancher

radikaler Neoliberalen beiseite, so drohen die Kommunalpolitik ebenso wie die Kommunalverwaltung von Vorstellungen überlagert zu werden, die nicht mehr ganz im Einklang mit unserer verfassungsmäßigen Ordnung stehen. Was bedeutet dies für die Selbstverwaltung des 21. Jahrhunderts?

Anders gefragt: Sind die politisch-administrativen Netzstrukturen zwischen EU, Bund, Ländern und Kommunen bereits so dicht geworden, daß die Selbstverwaltung ihre Koordinierungsfunktionen im örtlichen und überörtlichen Raum kaum noch zu leisten imstande ist, und was muß geschehen, um sie zu erhalten oder gar wiederherzustellen? Letztlich die entscheidende Frage: Wie kann man dem politischen Substanzverlust begegnen, der die Selbstverwaltung schon jetzt ganz offensichtlich zu lähmen beginnt?

Darauf Antworten zu finden, stellt hohe Anforderungen an die Verantwortungsfähigkeit in Bund und Ländern und an die eigene Konzeptionsfähigkeit der Städte, Gemeinden und Kreise. Bisher sind angemessene Aktivitäten von staatlicher Seite ausgeblieben, trotz aller Bemühungen der kommunalen Spitzenverbände. Anspruchsvolle wissenschaftliche Kommissionsarbeit, die eine breite Diskussion abstützt, ist noch nicht in Sicht. Die Freiherr-vom-Stein-Gesellschaft möchte sie mit dem 30. Cappenberger Gespräch anmahnen.

Ich darf Ihnen jetzt noch die beiden Hauptreferenten vorstellen: Professor Dr. Thomas Ellwein hat in Frankfurt, München, Hamburg und zuletzt bis zu seiner Emeritierung 1991 in Konstanz Politik- und Verwaltungswissenschaften gelehrt. Er hat - unter anderem für die nordrhein-westfälische Landesregierung - verschiedene Gutachten zu Fragen der Rechts- und Verwaltungsvereinfachung verfaßt. Professor Dr. Janbernd Oebbecke lehrte nach seiner Tätigkeit beim Landkreistag NRW bis vor kurzem Öffentliches Recht an der Heinrich-Heine-Universität Düsseldorf; inzwischen hat er den Lehrstuhl für Öffentliches Recht und Verwaltungslehre an der Universität Münster übernommen.

Thomas Ellwein (†)

Kommunale Selbstverwaltung am Ende dieses Jahrhunderts. Ist das politische Konzept noch tragfähig?[1]

I. Die Erstarrung des politischen Systems in Deutschland und die kommunale Selbstverwaltung

In den letzten Monaten konzentrierte sich die politische Diskussion in unserem Land wieder einmal auf die Notwendigkeit von Reformen, auf den Reformstau, die politischen Selbstblockaden als seine Ursachen, die zwei Mehrheiten, welche diese Blockaden in der Hauptsache angeblich bewirken, was dann zu der lautstark propagierten Forderung nach einer Änderung der politischen Institutionen, vornean des Bundesrates führte. Die Diskussion erweist sich - erlauben Sie mir diese Wertung - als merkwürdig vordergründig. Fraglos gibt es einen Reformstau: Von der Regierungs- und Verwaltungsreform in Bund und Ländern ist seit Jahrzehnten die Rede. Geschehen ist wenig. Die Aufgabenteilung zwischen Bund und Ländern funktioniert nicht mehr. Die Versuche einer Verfassungsreform sind gescheitert. Der Gesetzgeber wird geradezu angefleht, mit dem Gesetz nicht so viel Schindluder zu treiben; es bleibt aber bei den vielen überflüssigen Gesetzesverflechtungen und den ständigen Gesetzesänderungen. Alle Appelle an die Ministerien, wenigstens die Notwendigkeit von Verordnungen usw. zu erklären, neue Regeln in den vorhandenen Bestand einzubauen und so den Beteiligten und Betroffenen das Leben zu erleichtern, waren vergeblich. Die große Steuerreform ist zerredet worden. Die Gemeinden werden in ihrer Selbständigkeit beeinträchtigt wie kaum je zuvor und erleiden das Schicksal des letzten, den die Hunde beißen. Die Bundeswehr ist in ihrer gegenwärtigen Struktur fragwürdig; man ver-

[1] Herr Ellwein hat sein Referat trotz schwerer Erkrankung gehalten und auch die schriftliche Fassung fertiggestellt. Er ist am 6. Januar 1998 verstorben.

meidet aber die Grundsatzentscheidung, die erforderlich wäre, um übermäßige Unruhe zu vermeiden. Das Bildungswesen bedarf dringend einer Reform; schon erste Ansätze werden jedoch mit Erfolg bekämpft. Der Umbau des Sozialstaates steht auf der Tagesordnung, beschränkt sich indessen vorderhand mehr auf Einschnitte.

Dieser reale Reformstau interessiert allerdings wenig. Diejenigen, die derzeit den Begriff verwenden, meinen meist nur die Änderung des Steuertarifs; die auf dem Petersberg gefaßten Koalitionsbeschlüsse sind kaum richtig an die Öffentlichkeit gelangt. Um des Tarifs willen wird es aber nie zu Grundgesetzänderungen kommen. Auch die Tauglichkeit des Blockadevorwurfs als Waffe im Wahlkampf ist fraglich. Die gegenseitigen Schuldzuweisungen kommen nicht mehr so an wie früher, verstärken eher die Parteienverdrossenheit, die in den neuen Ländern schon dramatische Auswirkungen hat. Wahrscheinlicher ist dann schon eine Grundgesetzänderung zum Stop der Rechtschreibreform - ein Thema, das wie kaum ein anderes zu völligem Unverständnis im befreundeten Ausland führt, aber doch sehr deutsche Befindlichkeiten bloßlegt.

Die Frage, die wir uns heute stellen, ist in all das einbezogen. Die Gemeinden als Teil des politischen Systems leiden unter dessen erkennbarer Erstarrung. In dieser offenbart sich eine tiefgreifende Zukunftsunsicherheit, die ein Festklammern an gegenwärtigen Verhältnissen, Denkweisen oder Besitzständen bewirkt. Es behindert jede planmäßige Veränderung und führt häufig dazu, daß die Veränderungen, die sich mehr oder weniger von selbst, jedenfalls aber ungeplant vollziehen, uns immer wieder überraschen. Als Beispiele können Folgen der Globalisierung oder die jüngsten Entwicklungen in der Kommunikationstechnologie dienen. Vierzehnjährige diktieren heute Briefe in den PC und drucken sie unmittelbar nach Diktatende aus. Was das für unsere Büros bedeutet, malen sich bisher nur wenige aus. Dabei hat die Erstarrung viele Ursachen - den Wohlstand etwa oder die grundlegende Veränderung der Sozialstruktur. Sie ist in der Geschichte auch nicht ohne Beispiele. In der Regel unterliegt, wer sie nicht überwindet, anderen, die beweglicher, wissenshungriger und risikofreudiger sind oder auch einfach weniger zu verlieren haben. Früher hat man dabei oft von alten und jungen Nationen gesprochen. Heute werden die Unterschiede durch das jeweilige Maß an Lern- und Erneuerungsfähigkeit bestimmt.

Dieser Hintergrund sei nur angedeutet. Vor ihm fragen wir heute, ob unser Konzept der kommunalen Selbstverwaltung noch tragfähig ist. Mein Beitrag dazu wird zuerst den Gefährdungen dieser Selbstverwaltung gelten, wobei ich darauf verzichte, deren Konzept vorher vorzustellen. Es kann, wie wir alle wissen, nicht mehr das des Freiherrn vom Stein sein. Anschließend will ich die Möglichkeit der Selbstverwaltung heute und in der kommenden Zeit reflektieren und einige Überlegungen vortragen, die manchen etwas visionär vorkommen mögen. Schließlich muß nüchtern davon die Rede sein, was zu tun wäre, wenn man jene Möglichkeit auch realisieren wollte.

II. Das Fehlen eines Staatskonzeptes als Gefahr für die kommunale Selbstverwaltung

Unabhängig von ihrer weiter zurückreichenden Geschichte fand die Selbstverwaltung in Deutschland zu Beginn des 19. Jahrhunderts eine Form, die immer noch als ‚Bild' dient, anhand dessen wir die bisherigen Veränderungen zu erkennen und die heutige Wirklichkeit der Selbstverwaltung zu bewerten versuchen. Jene Form sollte eine freie bürgerschaftliche Selbstverwaltung in den Städten ermöglichen; die Landgemeinden standen dagegen weiterhin unter einer gewissen Kuratel, aus der sie sich erst allmählich lösten. Die bürgerschaftliche Selbstverwaltung setzte die Seßhaftigkeit der vorindustriellen Gesellschaft voraus. Ihre Form mußte sich verändern, als es im 19. Jahrhundert erst zur Bevölkerungsvermehrung und dann zur Industrialisierung in vielen Städten kam, zumindest die größeren Städte rasch von Bürger- zu Einwohnergemeinden mutierten, deren Verwaltung die bisherigen Bedürfnisse der Einwohner, nun aber in viel größerem Umfange, und außerdem zahlreiche neue Bedürfnisse befriedigen mußte. Von der Mitte des 19. Jahrhunderts an befanden sich die größeren Städte deshalb in einem ständigen sozialen, ökonomischen und auch politisch-administrativen Wandlungsprozeß. Ihn immer wieder bewältigt zu haben, gilt als die große Leistung der deutschen Selbstverwaltung in der Zeit vor dem Ersten Weltkrieg. Sie erforderte allerdings erhebliche Kosten und eine ständig wachsende Verwaltung. Die Kosten wurden nach der Art des Munizipalsozialismus aufgebracht; die kommunale Verwaltung wuchs zwar, wurde aber rascher und konsequenter modernisiert als die staatliche. Die bis heute in Landesministerien gegenüber der Kommunalverwaltung verbreiteten Überlegenheitsgefühle waren nur selten berechtigt und ließen oder lassen meist außer acht, daß kommunal anders zu verwalten ist als in Behörden mit begrenztem Aufgabenbereich.

Die zumindest relative Erfolgsstory der Selbstverwaltung ging im Ersten Weltkrieg allmählich ihrem Ende entgegen: Die Gemeinden wurden mehr als früher staatlich vereinnahmt, die faktische Unterscheidbarkeit von staatlicher und kommunaler Ebene ging verloren, das Konzept des Munizipalsozialismus wurde von dem des Kriegssozialismus abgelöst, das aber ganz auf den Staat bezogen war. Daß es nach 1918 zur Erneuerung des Wahlrechts kam, brachte nur bedingt einen Ausgleich. Mit der Staatsanbindung der Gemeinden, die heute durch die europäischen Bindungen des Staates verstärkt wird, kam es trotz der grundgesetzlichen Garantie in der alten und in der neuen Bundesrepublik zu prinzipiellen Einschränkungen der Selbstverwaltung, die man im 19. Jahrhundert nicht kannte. Zugleich gefährdeten viele Veränderungen in Gesellschaft, Wirtschaft und Politik manifest eine selbständige kommunale Politik. Beides wird kaum bestritten. Umstritten sind die Erklärungen. Für mich gilt als entscheidend, daß ein Staat, über den Unklarheit herrscht, sich mit der Selbstverwaltung schwer tut.

Anders ausgedrückt: Im Unterschied zum 19. Jahrhundert funktioniert unser Konzept von Staatlichkeit nicht mehr. Auch früher war dieses Konzept durch Zufall und Notwendigkeit bestimmt, wie ich hoffe, es jüngst in meiner deutschen Verwaltungsgeschichte am Beispiel von Ostwestfalen-Lippe nachgewiesen zu haben.[2] Dennoch gab es wirksame Begrenzungsmechanismen. Länder und seit 1871 das Reich zogen nicht ohne Not Aufgaben und Verantwortung an sich. Die Parlamente nahmen das Budgetrecht ernst und erfüllten nur zögernd die Wünsche der Exekutive nach mehr personellen und finanziellen Ressourcen. Sie waren nicht Wohltäter und

[2] *Thomas Ellwein*, Der Staat als Zufall und als Notwendigkeit. Die jüngere Verwaltungsentwicklung in Deutschland am Beispiel Ostwestfalen-Lippe, 2 Bde., Opladen/Wiesbaden 1993/97.

deshalb z.B. skeptisch gegenüber politischen Förderprogrammen, von denen es heute in den Ländern der Bundesrepublik bis zu 500 gibt, bereitwillig von Landtagen beschlossen, weil die Bewirtschaftung Betätigungsmöglichkeiten eröffnet, und von Landesregierungen und -ministerien aus dem nämlichen Grund entwickelt. Auch im 19. Jahrhundert hätte niemand genau zu sagen vermocht, welche Aufgaben Staat und Gemeinden zu erfüllen haben, und Max Weber hat deshalb später schon die Frage als unwissenschaftlich und unpolitisch gebrandmarkt. *Zuletzt begrenzten einfach die finanziellen Gegebenheiten Politik.* Man wollte keinen Steuerstaat, wie er dann nach 1919 unvermeidbar und zugleich zur gefährlichen Versuchung wurde, und man wußte noch darum, daß sich bei der öffentlichen Hand die Einnahmen nicht nur nach den Ausgaben zu richten haben, sondern man auch umgekehrt klären muß, was geht und was nicht. Die wirtschaftlichen Staatseinnahmen wirkten damit als entscheidende Haushaltsvorgabe. Das galt so auch in den Städten und Gemeinden, die freilich leichter wirtschaftliche Einnahmen erschließen und damit ihre teils ungeheuerliche Angebotserweiterung finanzieren konnten. Als nach 1918, nach Vermögensverlust und ausbleibenden Gewinnen vieler öffentlicher Einrichtungen, der Steuerstaat über uns hereinbrach und auch die Finanzierung der Gemeinden prägte, entfielen sozusagen natürliche Ausgabenbegrenzungen. Die Haushaltspolitik änderte sich dem Grunde nach. In Notzeiten wie nach 1929 konnte man Sparpolitik betreiben, in Zeiten wirtschaftlichen Aufschwungs konnte man expandieren und brauchte lange, bis man erneut an Grenzen stieß. Das alles vollzog sich aber ohne Grundsatzdiskussion darüber, was die öffentliche Hand soll und was nicht, weshalb es nach 1950 zu einer Aufgabenexpansion kam, für die es in der Geschichte kein Beispiel gibt.

Fragt man nicht, was die öffentliche Hand soll, dann entscheidet, was sie kann. Sie kann aber nicht nur in finanzieller Hinsicht immer mehr, sie kann es auch im Blick auf ihre eigenen personellen Ressourcen. Mit dem wieder in der Geschichte beispiellosen Wachstum von Regierungen und Verwaltungen gingen ein *Qualifikationsschub* und zugleich ein *Spezialisierungsschub* einher, die zunehmend Staatlichkeit veränderten. Das klassische Muster des parlamentarischen Systems wurde beiseitegeschoben: Dem Parlament blieben zwar die Grundsatzentscheidungen. Ein immer größerer Teil der faktischen, spezialisierten und systemerweiternden Willensbildung im Sinne der Definition von Aufgaben und ihrer Erledigung vollzieht sich aber in den Ministerien und nicht selten auch in den Verwaltungen. Das umfangreiche hessische Vorschriftenpaket über die Bekämpfung von Bisamratten ist ebenso eine Erfindung ministerieller Spezialisten wie das Meisterstück der jahrelang vorbereiteten, 35 Seiten umfassenden baden-württembergischen Vorschrift für die kommunalen Feuerwehranzüge - beides Beispiele für die in Ministerien verbreitete quälerische Versuchung, Intelligenz und Kompetenz des kommunalen Bereichs zu unterschätzen. Die Versuchung ist in Bonn nicht minder groß, und Brüssel stellt inzwischen wohl alle bürokratischen Definitionskünste in den Schatten.

Spezialisierung gebiert weitere Spezialisierung. Die beklagte Überregulierung ist auch das Werk eines seine Aufgabe mißverstehenden Gesetzgebers - aber eben nur auch. Das Gefährliche daran: Die Spezialisten sind fest angestellt, müssen arbeiten und sich bestätigen und können nur die weitere Spezialisierung des Tuns der öffentlichen Hand und die oft unsinnige Hochzonung der Aufgaben auf die Ebene, auf der die Spezialisten sitzen, betreiben. Die Overhead-Kosten - ich rede nicht von Wasserköpfen - wachsen deshalb weiter. Es ist das eine der Folgen des Fehlens einer ernstzunehmenden Staatsdiskussion.

Die Selbstverwaltung ist durch diese Entwicklung dem Grunde nach gefährdet. Vordergründig beansprucht der Staat durch Überregulierung die kommunale Arbeitskapazität, ohne sie, was heute besonders aktuell ist, zureichend zu finanzieren. In der Hauptsache bedroht aber die Beliebigkeit der staatlichen Aufgabenentwicklung die Autonomie der Gemeinden, weil für sie, die Entwicklung ihres Selbstverständnisses und ihrer Zielvorstellungen, für actio also, immer weniger Raum bleibt, das Reagieren auf Anstöße von außen ganz in den Vordergrund tritt. Allenfalls können sie sich wenigstens in der Reaktion ein gewisses Maß von Flexibilität erhalten. Natürlich würde es oft schwerfallen, eine größere Autonomie zu nutzen: Das Fehlen der Staatsdiskussion wirkt sich auch auf das Tun der Gemeinden aus und hat lange Zeit dazu geführt, daß bloße Wachstumsvorstellungen dieses Tun bestimmten.

III. Spezialisierung und Zentralisierung als Gefahr für die kommunale Selbstverwaltung

Mit der Spezialisierung und Zentralisierung hebe ich einen Aspekt besonders hervor, unter dem sich sehr verschiedene Entwicklungsstränge zusammenfassen lassen, denen die zentralisierende Wirkung gemeinsam ist oder die zur Zentralisierung zumindest beitragen. Die Zentralisierung als solche, wie sie in Bundesrepublik bisher stattgefunden hat und zunehmend in der Europäischen Union stattfindet, wird allgemein nicht bestritten, nur unterschiedlich erklärt. So sollen die Länder nach 1950 allzu bereit gewesen sein, auf die Wahrnehmung der konkurrierenden Gesetzgebung zu verzichten und neue Aufgaben gleich dem Bund zu übertragen. Damit folgten sie in der Nachkriegszeit weit verbreiteten Vorstellungen, die in der alten Fassung des Artikels 72 GG mit der *Einheitlichkeit der Lebensverhältnisse* einen föderalismuswidrigen Niederschlag gefunden hatten, aber auch der kommunalen Selbstverwaltung zuwiderliefen. Ihr Sinn kann nicht darin bestehen, daß alle Gemeinden gleich verwaltet und gleich gestaltet werden. Es muß vielmehr lebendige und spürbare Unterschiede zwischen ihnen geben.

Die Landesregierungen haben sich allerdings offenkundig auch deshalb nicht gegen die politische Gewichtsverlagerung von den Ländern zum Bund gesträubt, weil sie nur die Landtage, nicht aber die eigene Position schwächte. Diese wurde vielmehr durch den Positionsgewinn des Bundesrates, der heute wieder beklagt wird, ebenso gestärkt wie durch das immer größere Gewicht der Führung einer ständig wachsenden Verwaltung. Ich habe dafür in den 60er Jahren den Begriff ‚Verwaltungsföderalismus' eingeführt. Die in diesem Zusammenhang erfolgte Begrenzung inhaltlicher Landespolitik soll wiederum deren Zentralismus befördert haben: Wer nur begrenzte Aufgaben hat, aber doch einen großen Apparat unterhält, kann sich bei der Aufgabenerledigung nur schwer auf den prinzipiellen Teil beschränken und die Konkretisierung dem nachgeordneten Bereich überlassen. Er interessiert sich vielmehr zunehmend für die Details des Vollzugs und trifft nicht nur die berühmten Einzelfallentscheidungen, die an sich dem Regieren fremd sind, sondern reguliert den Vollzug so ins Detail hinein, daß sich Aufsichts-, Einmischungs- und Mitwirkungsmöglichkeiten in Hülle und Fülle ergeben, die wiederum zur Rechtfertigung der eigenen Existenz dienen.

Gewiß ist vieles komplexer geworden und damit nicht mehr mit den Gegebenheiten des späten 19. Jahrhunderts zu vergleichen. Dennoch lehrt uns der Vergleich, daß wir in den Ländern einen oft unsinnigen Zentralismus, eine krankhafte Sucht nach möglichst vielen landeseinheitlichen Regelungen haben. Dem alten Preußen ging das bis 1933 völlig ab, und selbst die modern-bürokratischen Länder wie Bayern, Württemberg und Baden wiesen damals eine Vielfalt auf, die unserer Zeit fremd ist. Wir reden nur von Föderalismus und Selbstverwaltung, leben aber mit detaillierten Richtlinien für den Bau von Turnhallen, Kindertagesstätten oder Altenheimen, mitsamt den Spezialisten, die diese Richtlinien entwerfen und ihre Einhaltung kontrollieren. Im absolutistischen Wohlfahrtsstaat gab es zwar verschrobene Kameralisten, die sich Regeln dafür überlegten, in welcher Reihenfolge eine Frau dem Kind die Brust reichen soll, der Staat hielt sich aber doch zurück. Auch im 19. Jahrhundert brachte man Köstlichkeiten wie die Schwarzburgisch-Sondershausener Feldpolizeiordnung von 1854 mit 132 Paragraphen hervor, die ich dringend zur Lektüre empfehle, was jedoch alles kaum mit der heutigen Erlaßfreudigkeit und -intensität konkurrieren kann. Sie wirkt sich aber immer landesweit aus, vereinheitlicht damit oft überflüssig und zieht zwangsläufig Streitfragen nach oben: Nur die Spezialisten selbst können klären, was sie gemeint haben. Wir beklagen uns über die Verwaltungsgerichtsbarkeit, und der Präsident des Bundesverwaltungsgerichts brachte im März dieses Jahres seine Verwunderung darüber zum Ausdruck, daß wir diese Verwaltungsgerichtsbarkeit hinnehmen. Die Herrschaft der Spezialisten in Ministerien ertragen wir klagloser, obgleich ihr Wirken auf Dauer viel schädlicher ist. Sie trägt jedenfalls zur Entmündigung der Gemeinden bei, gleichgültig ob das durch neue Aufgabenzuweisung, immer weitergehende Regulierung der Inhalte und der Vollzugsmodalitäten oder finanzielle Übersteuerung geschieht. Immer wirkt das zentralisierend. Zentralisierung aber führt dazu, daß die Wahrnehmung der staatlichen Kernfunktionen qualitativ vermindert wird. Die primär ortsnahe selbständig arbeitende Verwaltung oder Polizei ist in aller Regel besser als eine zentral gesteuerte.

In diesem Zusammenhang ist auch die *Entwicklung der Parteien* zu sehen. Ohne das hier näher auszuführen oder mich etwa auf Richard von Weizsäcker zu berufen: Der Parteieinfluß hat in den letzten Jahren ein Maß erreicht, das Demokratie gefährdet. Gefährlich sind die zunehmende Lagermentalität, die Denaturierung vieler öffentlicher Einrichtungen zur Versorgungsanstalt für Politiker, der Qualitätsverlust der Bereiche, in denen die Personalpolitik entscheidend von den Parteien bestimmt wird. Gefährlich ist vor allem die durch den Parteieneinfluß vielfach verstärkte Zentralisierung, was vordergründig damit beginnt, daß man Landtagswahlen im Blick auf Bundes- und Kommunalwahlen im Blick auf Landespolitik betreibt, in der Hauptsache aber bei der Wirksamkeit der ‚Parteischiene' endet, auf der im Verhältnis zwischen Staat und Gemeinden die normalen Wege umgangen und die politischen Führungsinstanzen für lokale Dinge bemüht werden. Die Parteischienen und die Fachbruderschaften bewirken im Effekt intensive Verflechtung und mit ihr Zentralisierung, entleeren in den Gemeinden oft den Sinn der eigenen Willensbildung. Ich bin nicht blauäugig und weiß, daß man das Rad nicht zurückdrehen kann. Derzeit beschleunigt es aber seine Umdrehungsgeschwindigkeit, ohne daß jemand bremst. Auch das kann zerstören - nicht nur die kommunale Selbstverwaltung.

Spezialisierung ist Folge von Zentralisierung und zugleich eine ihrer Voraussetzungen - Folge, weil erst die personelle Überausstattung der jeweiligen Führungsebene in Europa, Bund und Ländern die hochspezialisierte Arbeitsteilung erlaubt, und Voraussetzung, weil erst die Vorstellung, der Staat müsse über möglichst alles informiert sein und möglichst viel können, zum Mitwirken vieler Spezialisten bei der Willensbildung führt, die als Potential nur weit oben in der Hierarchie koordiniert werden können. Zwei Wege würden aus der Spezialisierungsfalle herausführen. Auf dem einen müßte die Begrenzung der Staatstätigkeit erfolgen. Er erscheint versperrt, weil wir hierzulande die Staatsdiskussion scheuen wie der Teufel das Weihwasser. Sie würde von der Politik ein höheres Maß von Ehrlichkeit und Aufklärung erfordern und zugleich die Auseinandersetzung mit den denkbaren, aber sehr unterschiedlichen Zukünften. Auf dem anderen Weg würde man zu mehr Aufträgen der öffentlichen Hand an private Spezialisten kommen. Auch das stößt auf Schwierigkeiten, weil die öffentliche Hand gern über eigene Spezialisten verfügen und dabei nicht wahrhaben will, daß lebenslange Kompetenz die Ausnahme, nicht die Regel ist und deshalb ein Personalsteuerungssystem besonders schlecht ist, wenn es nicht die Besonderheiten der unterschiedlichen Lebensphasen nutzt, sondern auf lebenslangen Aufstieg in einer tatsächlichen oder vermeintlichen Hierarchie setzt.

Vermutlich bleibt es deshalb bei unserer Art der Spezialisierung. Damit bleibt es unbedingt auch bei der *zunehmenden Verflechtung zwischen den Regierungen und Verwaltungen*. Spezialisten können nämlich allein nichts. Sie bedürfen der Organisation, die ihre Forderungen aufgreifen und durchsetzen soll und sie dazu erst einmal aufeinander beziehen und untereinander ausgleichen muß. Mit der Spezialisierung wächst die vertikale und die horizontale Verflechtung, mit der Verflechtung nehmen der *Koordinationsbedarf* und mit ihr die *Überlastung der Spitze* zu oder kommt es zur Kapitulation der Spitze vor den Spezialisten, wie man sie in manchen Ministerien deutlich vor Augen hat. Das System wird erst schwerfällig und dann unbeweglich. Die Dinosauriereffekte schlagen durch.

IV. Negative Größeneffekte unserer Verwaltungen als Gefahr für die kommunale Selbstverwaltung

Im Zusammenhang mit dem Verwaltungswachstum sind vordergründig die Probleme der kommunalen Selbstverwaltung besonders deutlich, solange man jedenfalls bei dieser Selbstverwaltung auch an den Bürger, seine Beteiligungsmöglichkeiten und die dazu notwendige Überschaubarkeit des kommunalen Handlungsfeldes denkt. Mit der Größe einer Verwaltung, auch wenn sie nach Aufgabenbestand und Aufgabenfülle unvermeidlich ist, verbinden sich in aller Regel negative Effekte: Je größer die Verwaltung, desto intensiver die Arbeitsteilung in ihr, desto stärker die Notwendigkeit fachübergreifender Kooperation und streitausgleichender Koordination, desto stärker also die Beschäftigung mit sich selbst und die Abkehr von der Umwelt. Die deutsche Selbstverwaltung ist dem in den größeren Städten vor etwa hundert Jahren in der Hauptsache dadurch begegnet, daß sie neben der Kernverwaltung Verwaltungszweige wie das Schul-, das Krankenhaus- oder das Armenwesen relativ verselbständigte, für sie eigene Deputationen einrichtete und in ihnen neben Ratsmitgliedern auch sachverständige Bürger und, wo sich das anbot, Mitarbeiter des entsprechenden Bereichs hinzuzog. Auf diese Weise vermehrten sich die Beteiligungsmöglichkeiten und verminderten sich die Agenden, denen sich der Rat zuwenden mußte. Nach heutiger Denkweise war die Stadtverwaltung aufgesplittert, und von Einheitlichkeit war oft nicht annähernd die Rede. Das System war aber, zumal es sich auch auf die Etatgestaltung auswirkte, elastisch und unter den Bedingungen jener Zeit meist erfolgreich.

Heute herrscht auch in Kommunalverwaltungen häufig die Vorstellung, man habe stets um die Einheit des Ganzen besorgt zu sein und dessen Führbarkeit zu sichern. Das erinnert an das Denkmuster des Parlamentarismus mit der Besonderheit der parlamentarischen Verantwortung. Dieses Muster muß aber nicht auf die kommunale Selbstverwaltung übertragen werden. Sie könnte differenziertere Verantwortungsstrukturen entwickeln, wenn man sie denn ließe und endlich vom unseligen Konstrukt der Einheitsgemeinde und der Vorstellung Abschied nähme, die Gemeinden müßten, weil auch Verwaltungseinrichtungen des Staates, möglichst einheitlich verfaßt sein. Zu den Folgen der Einheitlichkeit gehören Organisationsprinzipien, die auf das Versicherungs- wie auf das Gartenbauamt angewandt werden, Hierarchieebenen, die inhaltlich inkompatibel sind - Amtsleiter ist eben nicht gleich Amtsleiter - und die Koordination oft erheblich erschweren und anderes mehr. Wichtiger: Das System läßt für regelmäßige und informierte Bürgerbeteiligung wenig Platz; der Jugend- und der Wohlfahrtsbereich bilden eine Ausnahme, aber nicht unbedingt eine rühmliche, weil hier primär die Mitwirkung von Verbänden sichergestellt und das ehrenamtliche Potential eher ausgeschlossen wird. Zur positiven Tradition der Selbstverwaltung gehören aber sehr unterschiedliche Beteiligungsformen.

Jene Einheitsvorstellung hat es mit der Einbindung der Kommunal- in die Staatsverwaltung zu tun, viel auch damit, daß die Fachbruderschaften, das Spezialistentum also, neben der Parteischiene eigene Wege um die jeweilige Führung herum eröffnet. Wieder gilt: Größe läßt sich nur bedingt reduzieren. Deshalb ist erst der Ausweg der Ausgliederung modisch geworden, dem im Rahmen des Neuen Steuerungsmodells die Verselbständigung von immer mehr Organisationseinheiten folgt, was eine Sinnesänderung im Rat, also die Abkehr vom Detail voraussetzt, die schwer fällt. Den viel näherliegenden Weg, nämlich innerhalb der Stadtverwaltung deutlicher zwischen den Bereichen, die ohnehin im Windschatten der Politik arbeiten - man kann das bekanntlich leicht aus den einschlägigen Unterlagen entnehmen -, und den politisch dauerhafter interessierenden zu unterscheiden, um dann auch die Willensbildung mehr zu differenzieren, schlägt man vielfach zwar praktisch ein, scheut sich aber, ihn auch formal anzuerkennen und auf diese Weise negative Größeneffekte zu vermindern.

V. *Zwischenbilanz*

Die Gefährdungen und denkbaren Zerstörungen des Konzepts der kommunalen Selbstverwaltung wurden hier unter drei Aspekten zusammengefaßt: Dem des Fehlens eines Staatskonzeptes, dem der Zentralisierung und in ihrem Gefolge der Spezialisierung und dem der oft nicht mehr beherrschbaren Größeneffekte. Die Aspekte entsprechen unterschiedlichen theoretischen Dimensionen. Das braucht hier aber nicht zu interessieren. Für unsere Frage ist dies ausschlaggebend:

Erstens reagiert der moderne Staat nicht nur in Deutschland auf die hinsichtlich seiner Bestimmung und Funktion bestehende Unsicherheit nicht mit Zurückhaltung. Er schöpft vielmehr seine faktischen und potentiellen Informations-, Personal- und Finanzressourcen bis an die Grenzen des Möglichen aus, um dann, wenn er an solche Grenzen stößt, wieder unsicher und damit eher zufällig zu reagieren. Dabei werden die Informationsressourcen wegen der Ausdifferenzierung unseres Wissens mehr und mehr spezialisiert aufgeteilt, was die Besinnung auf die sogenannten staatlichen Kernaufgaben ebenso erschwert wie die politische Willensbildung, in der Prioritäten zu setzen, aber auch tatsächliche oder behauptete unabweisliche Bedürfnisse zu berücksichtigen sind, die sich oft der politischen Beurteilung entziehen: Den milliardenschweren Schnellen Brüter haben ehrgeizige Wissenschaftler, unterstützt von Unternehmen, die freilich mehr das Geld des Steuerzahlers im Auge hatten und das eigene Risiko eher vermieden, der Politik aufgeredet. Ob diese daraus gelernt hat, daß man in der Wahl seiner Berater nicht vorsichtig genug sein kann, steht dahin.

Zweitens erlauben die Informationsressourcen mehr als früher die Zentralisierung der Staatsleitung und der gesamten Verwaltungsführung. Das erleichtert das Einbeziehen von Spezialistentum in die Führung und die Hochzonung von spezialisierten Entscheidungen, was gleichzeitig die Verwaltung entmündigt oder zu einem große Ressourcen verbrauchenden Wettstreit zwischen örtlicher und zentraler Verwaltung führt. Von der Zentralisierung insgesamt sind vor allem die Gemeinden betroffen. Ihre Tätigkeitsfelder werden seit Jahrzehnten durchnormiert, was mit Aufsichts- und Einwirkungsmöglichkeiten verbunden ist. Dabei erfaßt die Normierung mehr und mehr nicht nur das ‚Was' ihrer Tätigkeit, sondern auch das ‚Wie'. Das wiederum ist typisch für eine Spezialistenmentalität, die weniger auf ein durchschnittlich zu erreichendes Niveau und mehr auf Perfektion zielt.

Drittens sind die meisten Verwaltungen in einer Weise gewachsen, daß die öffentliche Verwaltung insgesamt ein Eigenleben führt. Das wirkt sich besonders auf die kommunale Selbstverwaltung aus, weil sie in ihrem Funktionieren ideell und spätestens in Notzeiten auch faktisch von der Mitwirkung der Bürger und Einwohner abhängig ist, in ihr mithin zu den Verfassungsprinzipien der repräsentativen Demokratie auch solche einer stärkeren Beteiligungsdemokratie gehören. Daß die Beteiligung nicht nur formal geregelt ist, vielmehr ganz unterschiedlich aussehen kann - bis hin zu nur schwer beherrschbaren Entwicklungen -, machte bisher im Regelfall den Charme der Selbstverwaltung aus.

VI. Denkbare Korrekturen

Die gegenwärtige Bedrohung der kommunalen Selbstverwaltung, die zu deren zunehmender inhaltlicher und politischer Aushöhlung führt, läßt sich nur im Rahmen einer *umfassenden Staatsreform* vermindern. Soll diese Reform ihren Namen verdienen, muß sie zuletzt zu einem anderen Verhältnis zwischen Bürger und Staat

und zunächst
- zum Abbau eines Teils der heutigen öffentlichen Aufgaben,
- zur handfesten Vereinfachung in der Aufgabenerledigung,
- zur Entflechtung und Verselbständigung der gebietskörperschaftlichen Ebenen und damit zur Verminderung der Overhead-Kosten,
- staatstheoretisch also zur Dezentralisierung der politischen Willensbildung und
- zur Delegation von Verantwortung dorthin, wo sie tatsächlich anfällt,

führen. Mit den Worten der bayerischen Kollmann-Kommission aus dem Jahre 1955 (so lange reden wir über all das): Es muß erstens das „Verhältnis des einzelnen zum Staat klargestellt und seine Vorstellung vom Staat als dem selbstverständlichen Helfer in allen Anliegen und bei allen Bedürfnissen unter dem Gesichtspunkt des Wesens und des Leistungsvermögens des Staates richtiggestellt" und es müssen zweitens die öffentlichen Aufgaben gebündelt und möglichst nur von einem Träger wahrgenommen werden. Dabei seien meist die Gemeinden der geeignete Träger, da man im engeren Kreis grundsätzlich richtiger entscheide und verwalte. Das gelte besonders, „wenn die Verantwortung für die eigene Entscheidung durch eigene Kostentragung auch zur finanziellen Selbstverwaltung" werde.

Um einem Einwand sogleich zu begegnen: Niemand beschwört hier ein vergangenes Ideal von Selbstverwaltung, wir alle wissen vielmehr, wie sehr es in ihr knirscht. Es ist aber immer zweierlei unbestritten, daß nämlich Fehler dieser Verwaltung in den meisten Fällen lokal begrenzt bleiben und daß die Verantwortung für sie sichtbar sein könnte, wenn sie nicht so oft hinter dem Verflechtungsgestrüpp verborgen wäre und wenn es mehr Bürger gäbe, die Verwaltung nicht bloß als schicksalhaft hinnehmen. Nur sichtbare Verantwortung läßt sich geltend machen. Schon heute geht es in dieser Hinsicht in den Gemeinden meist härter zu als in Land und Bund.

Im übrigen ergibt sich aus dem Gesagten ein Programm. Es hat wenig mit dem Neuen Steuerungsmodell zu tun, das heute viele Gemeinden so lebhaft beschäftigt. Das Modell sei hier nicht kritisiert. Es sei nur angemerkt, daß seine Elemente kaum neu sind, wir sie vielmehr meist seit Jahrzehnten diskutieren und sie vielfach als selbstverständlich gelten müssen. Eine gute Verwaltung arbeitet an sich selbst, verbessert sich, setzt auf größere Selbständigkeit der Mitarbeiter, baut deshalb überflüssige Hierarchien ab, führt Fach- und Ressourcenverantwortung zusammen, delegiert, wo immer das geht, stellt also Einheitsvorstellungen zurück und nimmt auch Fachkonkurrenz, wenn sie belebt, in Kauf. Das alles gilt nicht für alle Verwaltungsteile und stößt auch auf Grenzen, weil man wie die Selbstverwaltung insgesamt auch ihre vielen Mitarbeiter nicht idealistisch überschätzen darf. In der Hauptsache gilt aber: Arbeit an der und Verbesserung der kommunalen Verwaltung mitsamt den dabei erkennbaren Modeerscheinungen gehören zur Normalität, ändern aber nichts an der hier umrissenen Situation der Selbstverwaltung. Sie ist als Teil des politischen Systems von dessen Verwerfungen betroffen. Die Verwerfungen zu vermindern, muß Ziel der Staatsreform sein. In diesem Sinne wird das angekündigte Programm so zusammengefaßt:

Erstens wären die Gemeinden von einem Aufgabenabbau unmittelbar begünstigt, weil danach ihre Verwaltungskraft weniger beansprucht würde und stärker in den Dienst der eigenen Belange treten könnte. Ist hierzulande von Aufgabenabbau die Rede, wird sofort eingewandt, die Aufgaben seien vom Gesetzgeber festgelegt. Das stimmt allerdings, wie jedermann weiß, aber nicht jedermann zugibt, nur bedingt. Dabei geht es nicht einmal in der Hauptsache um das Tun der gesetzesvorbereitenden Verwaltung. Aufgaben vermehren sich auch auf andere wundersame Weise. Der Gesetzgeber weist oft nur allgemein in eine Richtung, äußert also tendenziell seinen Willen. Dann aber ist der Vorschriften- und Richtliniengeber oder derjenige am Werk, der seine Erlasse verbreiten kann. Schon der Gesetzgeber leistet sich viel. Auf die verbindliche Regel, daß in Kindertagesstätten die Pissoirs nur 42 cm hoch sein dürfen und die Toiletten für Mädchen Oberfenster haben müssen, die für die Erzieherinnen aber nicht, kommen nur extrem Sachverständige, die zudem von tiefem Mißtrauen gegenüber Architekten und anderen Beteiligten erfüllt sind. Kurz: Aufgabenabbau meint vieles ggf. Wichtige, vor allem aber unendlich viele Details. Zum Aufgabenabbau gehört auch der Verzicht der politischen Führung auf die zu starke Regulierung des Vollzugs. Sie ist für das Tun der Meldeämter unerläßlich, aber schon nicht mehr für das der Sozialämter. Es gibt eine spezifische Verantwortung der Verwaltung dafür, das politisch Gewollte effektiv und effizient zu vollziehen, also mit den vorhandenen Mitteln möglichst viel zu erreichen oder die fest umrissene Aufgabe mit möglichst wenig Mitteln zu erledigen. Beides setzt Spielräume, also auch die Möglichkeit voraus, im Vollzug örtliche Bedingungen zu berücksichtigen. Der Rechtsstaat wird im Zweifel durch ungleiche Behandlung, aber auch durch falsche, sachunangemessene Gleichbehandlung gefährdet. Hier den jeweils richtigen Weg zu finden, ist Sache der Verwaltung. Den Verwaltungen, die es unmittelbar mit dem Bürger zu tun haben und face-to-face-Entscheidungen treffen, also vornean der Finanzverwaltung, großen Teilen der Kommunalverwaltung und der Polizei gelingt das meist auch recht gut. Wir haben trotz aller Beschädigungen noch immer eine gute Verwaltung!

Zweitens muß es zur Entflechtung der gebietskörperschaftlichen Ebenen kommen, die heute maßgeblich zur Erstarrung des politischen Systems beitragen, seine Kosten noch immer ständig vermehren und politische Verantwortung verschleiern, ohne daß dem erkennbare Vorteile in genügendem Umfange gegenüberstehen. Die Verflechtungen sind enorm und tragen wesentlich zur Überausstattung der Bundesregierung, der Landesregierungen und der Bezirksregierungen bei, zu einem Aufgebot an Führungspersonal also, das sich wechselseitig Arbeit schafft und Arbeit sucht, wenn es keine hat, wobei es ‚vom Büro aus' auf eine abstrahierte und konstruierte Wirklichkeit hin arbeitet - Max Weber hat das als erster beschrieben und mit Warnungen verbunden. Daß viele Mitarbeiter des Bundesfinanzministeriums nur das Finanzamt kennen, in dem sie zur Einkommensteuer veranlagt werden, oder anderswo Beamte Forschung in Unternehmen fördern, die noch nie ein Unternehmen von innen gesehen haben, ist mehr als merkwürdig. Hier interessiert aber nicht die Entflechtung zwischen Bund und Ländern, also der Abbau der Aufgabenvermischung und der Mitwirkungsnotwendigkeiten oder auch die Vernebelung der Kernaufgaben der Länder als deren Folge, sondern die Entflechtung zwischen Land und Gemeinden. Sie müßte den Kern jeder Staatsreform bilden, zunächst auf einer neuen Unterscheidung zwischen Staats- und Gemeindeaufgaben beruhen und dann zur Verminderung der Regulierungs-, Aufsichts- und Beteiligungskompetenzen des Landes, mithin zu einer deutlichen Rücknahme seiner Einflußmöglichkeiten führen.

Mit all dem ist keine revolutionäre Änderung, wohl aber eine Reform im ursprünglichen Sinne des Begriffes als Rückkehr zu früheren, besseren Verhältnissen - unter Berücksichtigung der heutigen und der erwartbaren Bedingungen freilich - gemeint. Ohne das hier näher ausführen zu können: Selbstverständlich gelingt eine inhaltliche Unterscheidung zwischen Staats- und Gemeindeaufgaben nicht mehr, und ebenso selbstverständlich wird weiterhin der größte Teil der Bundes- und Landesgesetze, was heute dann zunehmend die europäische Rechtsetzung einschließt, von der kommunalen Selbstverwaltung vollzogen. Dazu gehören dann ebenso selbstverständlich eine solide Rechtsaufsicht und in begrenzterem Umfange als heute eine Fachaufsicht. Soweit aber die Gemeinden einen Teil des Staates bilden, muß bestimmend sein - darin besteht zuletzt die Aufgabenunterscheidung -, daß der Staat europa-, bundes- oder landesweit geltende, verbindliche, aber generelle Regeln setzt und sich im Vollzug zurückhält. Die heute verbreitete miese Tour - die Schärfe sei erlaubt -, locker Programme zu entwerfen und sie im Vollzug durch den nachgeordneten Bereich nachzubessern, wozu es des ständigen Einflusses der Programmentwerfer auf diesen Vollzug bedarf, muß gebrandmarkt und beendet werden.

Die Aufgabenunterscheidung ist also zunächst formal gemeint: Das Generelle gehört eher in den staatlichen Bereich, das Konkrete, die Einzelfallentscheidungen mithin, eher in den der örtlichen Verwaltung, die bei uns überwiegend durch die kommunale Selbstverwaltung repräsentiert wird. Die Unterscheidung könnte, würde sie vorgenommen und durchgehalten, das politische System deutlich entlasten. Sie würde sichtbar machen, was das Land wirklich zu tun hat und weshalb die meisten Landtage und Landesregierungen viel zu groß sind, sie würde die unerträgliche Fondswirtschaft wenigstens vermindern, mit dem Spielraum der Gemeinden die Kreativität ihrer Räte und Verwaltungen vergrößern und so auch einen interkommunalen Wettbewerb fördern. Abstrakter: Funktioniert die Aufgabenteilung zwischen Staat und Gemeinden, wird der Staat nicht derart zum Programm wie heute, ist nicht gezwungen, umfassend zu definieren, was die öffentliche Hand tun soll und kann, und treibt sich mit dieser Definitionsmacht nicht immer mehr in die Ecke, in der er als ständig überfordertes Phänomen längst steht. Staatsvereinfachung dient nicht dem Sparen - das mag hinzukommen -, sondern der Sicherung von Staatlichkeit. Dabei wird weiterhin das ‚Was' eines großen Teils der kommunalen Agenda vom Staat bestimmt sein. Eine größere Freiheit im ‚Wie' würde sich aber stimulierend auswirken. In der Hauptsache muß gelten: „Die kommunale Ebene und ihre Verwaltung haben prinzipiell die Erstzuständigkeit (Zuständigkeitsvermutung) für alle Angelegenheiten der örtlichen Gemeinschaft. Landespolitik und -verwaltung sind sowohl bei der Erledigung von Aufgaben im örtlichen und regionalen Bereich als auch bei der Einflußnahme auf Kommunalpolitik und -verwaltung begründungspflichtig." Daß wir das Subsidiaritätsprinzip einfach beiseitegeschoben und einen selbsttätig wuchernden Zentralismus geduldet haben, ist eine der politischen Grundsünden der letzten vierzig Jahre.

Drittens setzt das Gesagte voraus, daß die Gemeinde im Blick auf ihre Ordnung und auf ihre Finanzen deutlich selbständiger wird. Es besteht keine Notwendigkeit, die Verfassung der Gemeinden so detailliert zu regeln, wie das hierzulande geschieht - der Hinweis auf die erforderliche Einheit der Verwaltung ist völlig abwegig -, es genügt vielmehr, wenn der Staat einige Strukturelemente festlegt und das übrige der kommunalen Satzungshoheit überläßt. Sinnvollerweise entscheidet man örtlich, ob man Stadtbezirke verselbständigen, Bürger in Deputationen beteiligen, Verwaltungsteile ausgliedern oder die Beschlußkompetenz von Ausschüssen einführen will. All das kann in Dortmund anders gehandhabt werden als in Köln, wobei dann die sich ergebenden Unterschiede zu lehrreichen Erfahrungen führen. Auswüchsen kann die Kommunalaufsicht begegnen. Sie werden sich in Grenzen halten, sobald finanzielle Eigenverantwortung mitspielt. Dies freilich bildet das unentbehrliche zweite Element der größeren Selbständigkeit. Die Gemeinden brauchen einen höheren Anteil an Eigenfinanzierung des Haushalts und müssen haushaltspolitisch so autonom sein, daß sie selbst, also die Bürger Mißwirtschaft auszubaden haben und es keinen Ruf nach dem großen Bruder gibt. Grundelemente des kommunalen Finanzausgleichs können dabei erhalten bleiben. Die mit ihm verbundenen Gleichheitsvorstellungen bedürfen freilich der Revision, weil und insoweit sie die Selbständigkeit von Gemeinden beeinträchtigen. Wird ähnlich wie beim Länderfinanzausgleich mit der Sicherstellung der auch für den Staat notwendigen Verwaltungskraft argumentiert, sind meist Fragezeichen anzubringen. Finanziellen Engpässen läßt sich auch anders begegnen. So gibt es viele Verwaltungsbereiche, in denen Gemeinden zusammenarbeiten können und das auch tun würden, wenn das Einsparungen bringt, die der Gemeinde zugutekommen und nicht einem allgemeinen Topf. Über organisatorische und finanzielle Selbständigkeit der Gemeinden zu reden, heißt immer, auch von erhöhter Eigenverantwortung zu reden, die sich unter den derzeitigen Bedingungen keinesfalls von selbst versteht.

VII. Perspektiven

Ist das illusionär oder geraten wir zwangsläufig immer stärker in den Sumpf einer schleichenden Zentralisierung, welche die örtliche Ebene entmündigt und die kommunale Selbstverwaltung so zur Farce macht, daß sich ihre politischen Kosten nicht mehr rechtfertigen lassen? Faktisch sprechen alle unsere Erfahrungen dafür, daß in den kommenden Jahren ebenso wenig geschieht wie in den vergangenen Jahren. Auch in der Vergangenheit wurden die Reform von Regierung und Verwaltung, die Vereinfachung des Staates, der Abbau von Überregulierung und kräftige Einsparungen nicht nur gefordert, sondern auch versprochen. Geschehen ist wenig. Nach dem Zusammenschluß des heutigen Baden-Württemberg scheiterte jeder Versuch einer Länderneugliederung, seit 1946 wurde kein Landtag verkleinert, wuchsen die Landesregierungen zu manchmal ridikülen Gebilden an, wobei bisher nur in wenigen Fällen gegengesteuert wurde, versandeten die immer wieder neuen Ansätze zur Rechtsbereinigung und -verminderung und gelang nur die Gemeindegebietsreform, ohne daß freilich überall und dauerhaft eine wirkliche Funktionalreform folgte. Wir haben das in glücklicheren Jahren einfach hingenommene Wachstum der Verwaltung verarbeitet und mit zahllosen Verflechtungen neue Formen der Kooperation und der Koordination gefunden, ohne verbindlich sagen zu können, daß die Verwaltung dadurch besser geworden sei - immerhin brauchte ein Schriftwechsel zwischen einem Regierungsrat in der Mindener Regierung und dem Landrat in Höxter vor hundert Jahren in der Regel nicht mehr als sechs Tage, von denen der größere Teil auf den Postweg entfiel, und führte ohne Beteiligung Dritter meist zu einem eindeutigen Ergebnis. Wir haben uns an die schleichende Verlangsamung und Verschlechterung gewöhnt und das in unsere Routinen aufgenommen. Zu ihnen gehört auch das Denken, daß sich alles irgendwie richten werde.

Zwei, je für sich höchst problematische Silberstreifen am Horizont sind allerdings erkennbar. Der eine ergibt sich im Zusammenhang mit der inzwischen *strukturellen Krise der öffentlichen Finanzen*. Jobst Fiedler hat errechnet, daß wir ab 1999 jährlich über 13 Jahre hinweg 110 Mrd. DM einsparen müßten, um nur die Zins-Steuer-Quote zu erreichen, wie sie Mitte der 90er Jahre bestanden hat. Praktisch wäre dazu fast eine Halbierung des derzeitigen jährlichen Budgetdefizits erforderlich, das doch auf die heutige Größenordnung nur mit größten Anstrengungen gebracht worden ist. Oder konkreter: In Hessen hat die Staatssekretärskonferenz vor kurzem ausgerechnet, daß man von den heutigen etwa 93.000 Stellen für Beamte und etwa 40.000 Stellen für Angestellte bis 2020 über 31.000 streichen müßte, um nur zu erreichen, daß der Personalkostenanteil am Landeshaushalt zu diesem Zeitpunkt nicht höher ist als heute. Er gilt aber schon heute als unerträglich hoch, weil er die Möglichkeiten der Landespolitik drastisch begrenzt. Hessen ist, woran erinnert sei, das Land, welches den weitaus größten Beitrag zum Länderfinanzausgleich leistet. Uns allen sind diese Zahlen bekannt, und wir wissen auch alle, daß die bisherigen Einsparvorschläge nur marginal sind. Deshalb wird sich die Krise verstärken. Das kann zu Reformbereitschaft führen.

Der andere Silberstreifen ergibt sich indirekt aus der *zunehmenden Staatsabwendung der Deutschen*. Natürlich ist die politische Führung gegen die Lust am Untergang nicht gefeit. Sie ist aber auch nicht zwanghaft getrieben, ihn herbeizuführen. Um ihn abzuwehren, müßte das politische System beweglicher, offener, zukunftsträchtiger und damit glaubhafter werden. Im kleinen Kreis stimmt dem wohl jeder führende Politiker zu, ohne das dann auch nach außen tragen zu können, weil es mit drastischen Veränderungen verbunden wäre, aber unsicher ist, ob eine neue Politik unmittelbar auch die Staatsabwendung vermindert. Die Skepsis ist inzwischen tief verwurzelt und sie wird durch Bequemlichkeit verstärkt. Deshalb befinden wir uns in einer zwiespältigen Lage. Entschlossene Politik wäre dadurch allerdings nicht behindert. Sie würde auch deshalb auf die größere Selbständigkeit der Gemeinden setzen, weil in ihnen noch immer die größeren Chancen zu wirklicher, d.h. staatsentlastender und die Gesellschaft stärkender Bürgerbeteiligung bestehen. Der Rest ist spekulativ.

Mein *Fazit*: Das deutsche Konzept der Selbstverwaltung ist nach meiner Einschätzung zwar noch tragfähig, aber durch die Gesamtentwicklung des politischen Systems zum Teil schon überholt und insgesamt bedroht. Bis zur Stunde befürchte ich, daß die Bereitschaft zum Weiterwursteln größer ist als die zur Erneuerung. Ich lasse mich aber gern belehren.

Janbernd Oebbecke

Kommunale Selbstverwaltung am Ende dieses Jahrhunderts. Ist das politische Konzept noch tragfähig?

1. Die verfassungsrechtliche Basis und ihre Entwicklung

Wenn er eine Antwort auf eine schwierige Frage geben soll, sucht der Jurist nach einer Norm. Für die Antwort auf die Frage, ob das politische Konzept der kommunalen Selbstverwaltung am Ende dieses Jahrhunderts noch tragfähig ist, kommt als einschlägige Norm nur die Selbstverwaltungsgarantie des Art. 28 II GG in Frage, denn dort ist das Konzept verbindlich niedergelegt: Den Gemeinden wird das Recht gewährleistet, alle Angelegenheiten der örtlichen Gemeinschaft im Rahmen der Gesetze in eigener Verantwortung zu regeln.

Die Themenstellung dieses Cappenberger Gesprächs knüpft an das bevorstehende Jahrhundertende an. Ich will deshalb zuerst einen Blick darauf werfen, wie sich die verfassungsrechtliche Basis, die wir heute im Art. 28 II GG finden, in unserem zu Ende gehenden Jahrhundert entwickelt hat. Diese langfristige Perspektive zeigt den deutlichen Befund einer verfassungspolitischen Erfolgsgeschichte. Während die bis 1918 geltende Verfassung des Kaiserreichs von 1871 die kommunale Selbstverwaltung nicht erwähnte und die Weimarer Reichsverfassung in ihrem Art. 127 nur knapp bestimmte, daß den Gemeinden und Gemeindeverbänden das Recht der Selbstverwaltung innerhalb der Schranken der Gesetze zustehe, formuliert das Grundgesetz dieses Recht ausführlicher. Es greift in Art. 28 I den Gedanken der Paulskirchenverfassung auf, die wesentliche Grundlage der inneren Verfassung - die Wahl der Vertretung durch die Bürger der Kommune - in der Verfassung ausdrücklich zu gewährleisten. Auf diesem stark verbreiterten Fundament wurde in den folgenden Jahrzehnten weiter gebaut. 1956 wurde eine Realsteuergarantie und eine Garantie des kommunalen Finanzausgleichs in das Grundgesetz aufgenommen.[1] Seit 1969 ist auch die Disposition über die Hebesätze gewährleistet.[2] Im selben Jahr wurde die kommunale Verfassungsbeschwerde, die einen wirksamen Rechtsschutz der den Kommunen verfassungsrechtlich eingeräumten Position ermöglicht, in Art. 93 GG verfassungsrechtlich verankert.[3] Auch die 1992 erfolgte Ergänzung des Art. 28 II GG um den Satz, daß die Gewährleistung der Selbstverwaltung auch die Grundlagen der finanziellen Eigenverantwortung umfaßt,[4] konsolidiert die Garantie, wenn sie ihr inhaltlich auch wohl nichts Neues hinzugefügt hat.[5] Nach dem Kompromiß zur Gewerbekapitalsteuer wird „eine den Gemeinden mit Hebesatzrecht zustehende wirtschaftskraftbezogene Steuerquelle“ gewährleistet;[6] damit wird die Realsteuergarantie präzisiert. Sieht man von den Grundrechten des einzelnen Menschen ab, ist in unserem Lande verfassungsrechtlich nichts so umfassend abgesichert wie die kommunale Selbstverwaltung. Und anders als dies inzwischen etwa beim Berufsbeamtentum der Fall ist, korrespondiert diese rechtliche Absicherung durchaus mit breiter Zustimmung in Politik und Gesellschaft.

Parallel zu dieser immer stärkeren Absicherung der kommunalen Selbstverwaltung vollzog sich verfassungsrechtlich eine zweite Entwicklung: Die kommunale Selbstverwaltung wurde rechtlich eine Erscheinungsform des Staates, sie wurde etatisiert.[7] Wie die Paulskirchenverfassung die kommunale Selbstverwaltung im Grundrechtsteil geregelt hatte, tat dies auch noch Art. 127 der Weimarer Reichsverfassung. Diese Bestimmung steht im zweiten Hauptteil

1 Gesetz zur Änderung und Ergänzung des Artikels 106 des Grundgesetzes v. 24.12.1956 (BGBl. I 1077).

2 Einundzwanzigstes Gesetz zur Änderung des Grundgesetzes (Finanzreformgesetz) v. 12.5.1969 (BGBl. I 359).

3 Neunzehntes Gesetz zur Änderung des Grundgesetzes v. 29.1.1969 (BGBl. I 97).

4 Gesetz zur Änderung des Grundgesetzes v. 21.12.1992 (BGBl. 2086).

5 *Friedrich Schoch/Joachim Wieland*, Finanzierungsverantwortung für gesetzgeberisch veranlaßte kommunale Aufgaben, 1995, S. 182f.; *Klaus Stern*, Europäische Union und kommunale Selbstverwaltung, in: Kommunale Selbstverwaltung - Europäische und nationale Aspekte, hg. von Michael Nierhaus, 1996, S. 21 (25).

6 Gesetz zur Änderung des Grundgesetzes v. 20.10.1997 (GVBl. 2470).

7 Dazu auch *Thomas Ellwein*, Perspektiven der kommunalen Selbstverwaltung in Deutschland, AfK 1997, S. 1 (3).

„Grundrechte und Grundpflichten der Deutschen" der Reichsverfassung und dort im zweiten Abschnitt über das Gemeinschaftsleben. Unmittelbar voraus gehen ihr die Bestimmungen über Versammlungs- und Vereinigungsfreiheit, Wahlgrundrechte und das Petitionsrecht, es folgen die Bestimmungen über das Beamtenrecht. Die kommunale Selbstverwaltung wurde also als gesellschaftliche Veranstaltung angesehen, deren Freiheit zu garantieren war.[8] Eine thematische Nähe zur staatlichen Organisation deutet die systematische Stellung an; die kommunale Selbstverwaltung wurde aber vom Verfassungsgeber nicht als ihrem Wesen nach staatlich verstanden.

Dem Art. 28 des Grundgesetzes geht es dagegen um Verfassungshomogenität von Bund und Ländern, um ein Mindestmaß an Einheitlichkeit der staatlichen Organisation.[9] Die Kommunen werden als integraler Bestandteil der Länder behandelt und nach Absatz 1 gelten für sie dieselben demokratischen Grundregeln. Nach der Rechtsprechung des Bundesverfassungsgerichts üben die Kommunen Staatsgewalt aus,[10] und spätestens seit der Entscheidung über das Kommunalwahlrecht für Ausländer muß davon ausgegangen werden, daß sich die von den Kommunen ausgeübte Staatsgewalt im Hinblick auf ihre demokratische Legitimation substantiell nicht von der durch Bund und Länder unterscheidet.[11] Art. 28 II GG verselbständigt einen Teil der staatlichen Organisation und stattet ihn mit Handlungsfreiheit aus. Kommunale Selbstverwaltung ist arbeitsteilige staatliche Aufgabenwahrnehmung im Rahmen der gegliederten Demokratie.[12] Nicht zwischen Bund und Ländern

[8] Dazu etwa *Eberhard Laux*, in: Kommunale Selbstverwaltung - Überprüfung einer politischen Idee, Cappenberger Gespräche der Freiherr-vom-Stein-Gesellschaft, Bd. 19, 1983, S. 9 (11); *Hartmut Häußermann*, Die Bedeutung „lokaler Politik" - neue Forschung zu einem alten Thema, PVS 1991, Sonderheft 22, S. 35; *Kay Waechter*, Kommunalrecht, 3. Aufl. 1997, S. 31f.

[9] *Theodor Maunz*, Verfassungshomogenität von Bund und Ländern, in: HStR IV, § 95; *Michael Nierhaus*, in: Sachs, Grundgesetz, Art. 28 Rnr. 1ff.

[10] BVerfG, Beschl. v. 15.2.1978 - 2 BvR 134, 268/76 -, BVerfGE 47, 253 (272ff).

[11] BVerfG, Urt. v. 31.10.1990 - 2 BvF 2,6/89 -, BVerfGE 83, 37 (53ff); *Hans-Uwe Erichsen*, Kommunalrecht des Landes NW, 2. Aufl. 1997, S. 379.

[12] BVerfG, Urt. v. 31.10.1990 (Anm. 11), S. 54.

einerseits und der Selbstverwaltung andererseits verläuft insoweit die Trennlinie, sondern zwischen Bund, Ländern und Kommunen einerseits und anderen Formen der Selbstverwaltung, etwa den Kammern,[13] auch wenn sich die Formen der Willensbildung bei der kommunalen und der funktionalen Selbstverwaltung ähneln. Nicht nur im Selbstverständnis der Kommunen wird dieser Positionswechsel der kommunalen Selbstverwaltung gelegentlich außer acht gelassen.

Die verfassungsrechtliche Stellung sagt nun gewiß nicht alles, vielleicht nicht einmal etwas wesentliches über die kommunale Selbstverwaltung am Ende dieses Jahrhunderts aus; sie ist aber geeignet, den weiteren Überlegungen eine gewisse Grundlage und Ordnung zu geben. Die nähere Betrachtung soll sich deshalb thematisch an den drei wesentlichen Strukturelementen orientieren, die nach dem Grundgesetz kommunale Selbstverwaltung ausmachen: Bürgerschaftlichkeit, Eigenverantwortlichkeit und Allzuständigkeit. Dabei betrifft die Bürgerschaftlichkeit die Art und Weise der kommunalen Willensbildung, die Eigenverantwortlichkeit die Selbständigkeit gegenüber dem Staat und die Allzuständigkeit den Umfang des gemeindlichen Aktionsbereichs.

2. Bürgerschaftliche Willensbildung

Anders als die Eigenverantwortlichkeit und die Allzuständigkeit ist die Bürgerschaftlichkeit[14] im Grundgesetz nicht deutlich ausformuliert. Genauer als dort ist etwa in der Landesverfassung Nordrhein-Westfalens von der „Selbstverwaltung durch ihre gewählten Organe“ die Rede. Bürgerschaftlichkeit prägt aber auch die grundgesetzliche Garantie mit.[15] Bürgerschaftlichkeit bedeutet zum einen Demokratie; allerdings wäre auch die Verwaltung allein durch einen

[13] Ebd., S. 55.

[14] Dazu *Janbernd Oebbecke*, Zweckverbandsbildung und Selbstverwaltungsgarantie, 1982, S. 57ff; *ders.*, Gemeindeverbandsrecht NW, 1984, Rnr. 51ff; ähnlich *Rolf Stober*, Kommunalrecht in der Bundesrepublik Deutschland, 3. Aufl. 1996, S. 59ff.

[15] Andere Akzente setzt *Kay Waechter* (Anm. 8), S. 27f.

direkt gewählten hauptamtlichen Bürgermeister demokratische Verwaltung. Wie sich vor allem aus Art. 28 I 2 GG ergibt, bedeutet Bürgerschaftlichkeit darüber hinaus, daß die wesentlichen Entscheidungen durch die vom Volk gewählte Vertretung getroffen werden. In der Tradition der deutschen kommunalen Selbstverwaltung heißt Bürgerschaftlichkeit nicht zuletzt, daß Bürger an der Verwaltung maßgeblich mitwirken, die nicht hauptamtlich tätig sind.[16] Qua Bürgerschaftlichkeit garantiert die Selbstverwaltungsgarantie den Laien in der Verwaltung der Kommune.

Das Ehrenamt in der Kommunalpolitik ist in den Reformdiskussionen der letzten zwei Jahrzehnte als bedroht dargestellt worden. Man hat eine gleichmäßige Repräsentation der verschiedenen Gruppen der Bevölkerung vermißt und beklagt, daß die zeitliche Belastung durch ein Ratsmandat weit über das zuträgliche Maß hinaus angewachsen sei. Je weiter die Diskussionen allerdings von der Diagnose zur Therapie fortschritten, umso mehr ist dieses Thema in den Hintergrund getreten, sind überzeugende Lösungsvorschläge ausgeblieben. Der Grund dafür dürfte nicht zuletzt in einem Empirie- und Theoriedefizit liegen; die kommunalwissenschaftliche Forschung hat diesen Bereich - von einigen Einzelaspekten abgesehen[17] - bisher weitgehend ausgeblendet. Wir wissen zwar, daß die starke Präsenz des öffentlichen Dienstes in Volksvertretungen aller Art nicht erst in diesem Jahrhundert eine Besonderheit der deutschen politischen Kultur ist. Längsschnittuntersuchungen darüber, wie sich die Präsenz einzelner Gruppen im Verhältnis zu ihrem Anteil an der Bevölkerung über die Jahre entwickelt hat, liegen soweit ersichtlich aber nicht vor; in Nordrhein-Westfalen verzichtet

[16] Bei *Karl Zuhorn/Werner Hoppe*, Gemeinde-Verfassung, 2. Aufl., 1962, S. 48 wird die „echte Mitwirkung des Bürgers an der Verwaltung seiner Gemeinde“ als „grundlegende Forderung der demokratischen Ordnung“ bezeichnet.

[17] Etwa *Friedrich Schoch*, Das kommunale Vertretungsverbot, 1981; *Thomas Christner*, Entschädigungsregelungen für Mitglieder kommunaler Vertretungskörperschaften, 1991. Zum Zusammenhang von ehrenamtlicher Tätigkeit und Dezentralisierung *Günter Püttner*, Zentralisierungswirklichkeit und Dezentralisierungspotential des Kommunalrechts, in: Dezentralisierung des politischen Handelns I, Forschungsbericht 3, hg. von Franz Schuster, 1979, S. 159 (166ff).

die amtliche Statistik seit geraumer Zeit sogar ganz auf die Erfassung der beruflichen Tätigkeit der gewählten Ratsmitglieder. Über den Umfang der zeitlichen Belastung durch das Ratsmandat und die Inanspruchnahme von Entlastung im Hauptberuf wissen wir einiges aufgrund erfragter Selbsteinschätzungen.[18] Wie zuverlässig diese Selbsteinschätzungen sind, wieviel Freizeit Mandatsträgern effektiv bleibt, darüber wissen wir so gut wie nichts.

In der Theorie sieht es nicht viel besser aus. Bei einem Gespräch darüber, warum die Beteiligung von ehrenamtlichen Ratsmitgliedern, von Laien nützlich sein kann, sind wir nicht wesentlich über die Ansichten des Freiherrn vom Stein, wie er sie in den beiden Nassauer Denkschriften vom Juni 1807 „Über die zweckmäßige Bildung der obersten und der Provinzial-, Finanz- und Polizei-Behörden in der preußischen Monarchie" und vom 10. Oktober 1815 „Über die Einrichtung der ländlichen und städtischen Gemeinde- und Bezirks- oder Kreis-Verfassungen" niedergelegt hat,[19] hinausgekommen. Das Fehlen einer leistungsfähigen modernen Theorie der Ehrenamtlichkeit in der Kommunalpolitik macht sich etwa bei den Befangenheitsbestimmungen der Gemeindeordnungen schmerzlich bemerkbar, wo es darum geht, welcher Grad von eigener Betroffenheit durch eine Angelegenheit zum Ausschluß von der Mitwirkung führt; ist es doch gerade die eigene Betroffenheit, die „Selbst"verwaltung ausmacht. Eine solche Theorie könnte auch die Diskussion über die notwendige und sinnvolle Ausstattung von Ratsfraktionen versachlichen. Bei einer theoretischen Begründung und Bewertung der Ehrenamtlichkeit in der kommunalen Selbstverwaltung wären nicht zuletzt Erfahrungen aus anderen Bereichen wie den Kirchen oder dem Sport einzubeziehen.

Daß es in der Bevölkerung ein Bedürfnis nach Mitwirkung gibt, daß die überkommenen Formen politischer Willensbildung die politischen Interessen der Bürger nicht abdecken, zeigt die Ausbreitung zusätzlicher Mitwirkungsmöglichkeiten und ihre hohe Akzep-

[18] Etwa: Umfrage zu den Bedingungen der Kommunalpolitik in Nordrhein-Westfalen, Innenminister NW, 1989, S. 19f., 13f.

[19] Abgedruckt in: *[Karl] Freiherr vom Stein*, Briefe und amtliche Schriften, bearb. von Erich Botzenhart, neu hg. von Walther Hubatsch, Bd. II/1, 1959, S. 380 (389ff) und Bd. V, 1964, S. 431 (432f.).

tanz. Die Direktwahl der Bürgermeister, Änderungen im Kommunalwahlrecht, besonders die Schaffung der Möglichkeit des Kumulierens und Panaschierens in vielen Ländern, und vor allem die inzwischen bundesweit eingeführten Bürgerbegehren und Bürgerentscheide[20] akzentuieren das Element Bürgerschaftlichkeit neu, indem sie die Beteiligung nicht hauptamtlich in der Verwaltung tätiger Bürger verstärken.

Diese Gewichtsverlagerungen kollidieren verfassungsrechtlich nicht mit der Gewährleistung der maßgeblichen Stellung der gewählten Vertretung. Der Vorbehalt für die Bürgerversammlung in Art. 28 II 4 GG zeigt, daß hier nicht repräsentative gegen direkte Demokratie abgesichert werden soll.[21] Allerdings muß die Ausgestaltung von Bürgerbegehren und Bürgerentscheid beachten, daß es stets nur um punktuelle Entscheidungen geht. Dabei spielen nicht allein Quoren und Bindungsfristen eine Rolle; auch realisierbare Finanzierungsvorschläge sind nicht nur Ausdruck gesetzgeberischen Zweckmäßigkeitskalküls, sondern haben mit der Absicherung der verfassungsrechtlich garantierten kommunalen Handlungsfähigkeit zu tun. Die Wahrnehmung plebiszitärer Entscheidungsbefugnisse im Einzelfall muß auf die fortbestehende Gesamtverantwortung der Vertretung Rücksicht nehmen.[22]

Die unter dem Stichwort ‚Neues Steuerungsmodell' geführte Diskussion über Änderungen in den Verwaltungen, über den Umgang mit dem Haushalt und über die Entwicklung eines stärkeren Kostenbewußtseins[23] stellt, unabhängig davon, wie man die theore-

[20] *Hans Herbert von Arnim*, Auf dem Weg zur optimalen Gemeindeverfassung?, in: Staat und Verwaltung. 50 Jahre Hochschule für Verwaltungswissenschaften Speyer, hg. von Klaus Lüder, 1997, S. 297 (319ff).

[21] *Stober* (Anm. 14), S. 122; *Waechter* (Anm. 8), Rnr. 271.

[22] Dazu die Entscheidung des BayVerfGH v. 29.8.1997 (Kommunaler Bürgerentscheid teilweise verfassungswidrig, FAZ v. 30.8.1997, S. 1f.); *Franz-Ludwig Knemeyer*, Bürgerbegehren und Bürgerentscheid, BayVBl. 1996, 545ff; *Matthias Wehr*, Rechtsprobleme des Bürgerbegehrens (Art. 18a BayGO), BayVBl. 1996, 549ff; *Hans-Günter Henneke*, Das richtige Maß von Unmittelbarkeit und Distanz bei kommunalen Bürgerbegehren und -entscheiden, ZG 1996, 1 (17).

[23] Siehe dazu die Nachweise bei *Olaf Otting*, Neues Steuerungsmodell und rechtliche Betätigungsspielräume der Kommunen, 1997, S. 4ff.

tische Fundierung[24] und die eine oder andere Tendenz beurteilt,[25] einen wichtigen Beitrag der Kommunen zur Weiterentwicklung des administrativen Systems in unserem Land überhaupt dar.[26] Vernünftigerweise haben diese Überlegungen das jeweils geltende Kommunalverfassungsrecht nicht als unumstößliches Datum angesehen, sondern darauf gesetzt, daß es modifiziert werden kann. Mit Experimentierklauseln haben die Landesgesetzgeber versucht, diese Entwicklung zu kanalisieren.[27]

Soweit diese Konzepte den Rat auf die Festlegung von Zielen und die Beschlußfassung über Grundsätze beschränken wollen,[28] scheint allerdings Skepsis angebracht. Diese Beschränkung des Rates auf die Festlegung des ‚Was' und die Entscheidung des ‚Wie' durch die hauptamtliche Verwaltung[29] entspricht sicher der inneren Logik mancher Modelle, und eine ähnliche Konzentration der Ratsarbeit ist mit mäßiger Resonanz schon zum Zwecke der zeitlichen Entlastung der Ratsarbeit ins Gespräch gebracht worden.[30] Diese Vorstellungen lassen außer acht, daß die Abgrenzung von Zielen und Instrumenten,[31] von Festlegung der Grundsätze und ihrer Konkretisierung im Einzelfall alles andere als einfach ist. Von der nächsthöheren Betrachtungsebene aus gesehen, sind Ziele ihrerseits stets nur Mittel.[32] Was eine Frage von grundsätzlicher Bedeutung

24 Siehe dazu die grundsätzlichen Fragen von *Klaus König*, Markt und Wettbewerb als Staats- und Verwaltungsprinzipien, DVBl. 1997, 239ff.

25 Siehe etwa die überzeugende Kritik von *Eberhard Laux* (Vom Verwaltungskunden, DÖV 1996, S. 695f.).

26 *Thomas Ellwein/Joachim Jens Hesse*, Thesen zur Reform der öffentlichen Verwaltung in Deutschland, Staatswissenschaften und Staatspraxis 1996, 469 (471f.).

27 Dazu *Eberhard Schmidt-Aßmann*, Gefährdungen der Rechts- und Gesetzesbindung der Exekutive, in: Verfassungsstaatlichkeit. Festschrift für Klaus Stern zum 65. Geburtstag, 1997, S. 745 (750); *Albert von Mutius*, Neues Steuerungsmodell in der Kommunalverwaltung, in: ebd., S. 713ff.

28 Dazu *ders.* (Anm. 27), S. 689 mit weiteren Nachweisen.

29 So differenziert *Willi Schmöller*, Handlungszwänge und Gestaltungsmöglichkeiten aus der Sicht einer kreisfreien Stadt (Beispiel Passau), in: Kommunalpolitik in Bayern, hg. von der Landeszentrale für politische Bildung, 1997, S. 41 (50).

30 Siehe dazu etwa *Eberhard Laux* (Anm. 8), S. 24f.

31 So etwa *Christof Eichert*, Tilburg als Rettungsanker?, KommunalPraxis, Nr. 4/95, S. 86ff.

32 Siehe dazu *Günter Püttner*, Verwaltungslehre, 2. Aufl. 1989, S. 34ff.

ist, hängt von politischer Bewertung ab und ist Änderungen und Schwankungen unterworfen. Dementsprechend ist zweifelhaft, ob eine Konzentration der Vertretungen auf wichtige Angelegenheiten mit hinreichender Präzision überhaupt möglich ist. Praktisch macht es auch nur wenig Unterschied, ob sich der Rat einer Sache durch Beschluß oder im Rahmen seiner Kontrolltätigkeit annimmt, die man ihm auch von Verfassungs wegen schwerlich wird nehmen können.[33] Solange Kommunalpolitiker wiedergewählt werden wollen, werden sie Wege finden, sich der Fragen anzunehmen, die die Bürger interessieren oder für die sie glauben, die Bürger interessieren zu können.[34] Wichtig ist, was der Rat für wichtig hält.

Die Gestaltung des Kommunalwahlrechts kann vielleicht in bestimmtem Umfang die Richtung steuern, in die das politische Interesse geht. Wo nicht nach Mehrheiten im Wahlkreis, sondern mit der Möglichkeit des Kumulierens und Panaschierens auf Gesamtlisten gewählt wird, mag der klappernde Kanaldeckel zugunsten von weniger räumlich als sachlich bestimmten Anliegen, das heißt: zugunsten der Zielgruppenarbeit, zurücktreten. Öffentliche Profilierung wird aber auch weiterhin eher über einzelne Sachfragen als über Ziele und Grundsätze möglich sein. In der bisherigen Debatte kann man sich gelegentlich des Eindrucks nicht erwehren, unter Überschriften wie ‚Konzernstruktur' werde der Traum, Verwaltung und Politik seien in den Kommunen sauber zu trennen[35] und die Kommunalverwaltung könne „entpolitisiert" werden,[36] geträumt, die bei den Novellierungen und Reformen der letzten Jahre unerfüllt gebliebenen Wünsche nach Freiheit der Verwaltung vor Einmischung aus dem Rat könnten durch neue Steuerungsmodelle erfüllt werden. Wer langfristig mit einem Steuerungsmodell Erfolg haben will, tut gut daran, die „Einmischung" des Rates in Verwaltungsangelegenheiten in einem realistischen Umfang als Konstante einzukalkulieren.

33 Relativ größzügig *von Mutius* (Anm. 27), S. 696, siehe aber S. 700f.
34 Siehe dazu *Stefan Machura*, Die Gemeinde als Unternehmer, Staatswissenschaften und Staatspraxis 1996, 533 (548f.).
35 Dazu siehe auch *Klaus König*, Drei Welten der Verwaltungsmodernisierung, in: Staat und Verwaltung (Anm. 20), 1997, S. 399 (419).
36 *Machura* (Anm. 34), S. 547.

3. Eigenverantwortliche Aufgabenwahrnehmung

Eigenverantwortlichkeit bedeutet Dezentralisierung.[37] Nicht der Staat sagt, wie die öffentlichen Aufgaben von den Kommunen wahrzunehmen sind, sondern diese entscheiden das selbst. Die kommunale Selbstverwaltung bildet somit die dritte oder, wenn man neben Ländern und Bund auch die Europäische Union einbezieht, die vierte Stufe selbständiger hoheitlicher Aufgabenwahrnehmung.[38]

Ein wesentliches Element der den Kommunen gewährleisteten Eigenverantwortlichkeit ist ihre Rechtssubjektivität.[39] Die Kommunen sind als juristische Personen des öffentlichen Rechts eigenständige, auch von den Ländern unterschiedene Vermögensträger. So selbstverständlich und vertraut uns die Rechtslage ist, so unklar ist doch in mancher Hinsicht, was Rechtssubjektivität hier rechtlich bedeutet.

Deutlich wird das bei der Frage des Grundrechtsschutzes für die Kommunen,[40] vor allem der Frage danach, ob das kommunale Eigentum Schutz gegen Eingriffe des Staates genießt, in welchem Umfang der Staat ohne Ausgleich auf gemeindliches Vermögen zugreifen darf. Im juristischen Schrifttum wird vielfach angenommen, daß die Gemeinden wenigstens außerhalb des Bereichs hoheitlichen Handelns den Schutz des Art. 14 GG genießen.[41] Das Bundesverfassungsgericht steht dem ablehnend gegenüber; auch in diesem Fall befänden sich die Gemeinden nicht in einer grundrechtstypischen Gefährdungslage, wie sie nach Art. 19 III GG für die Erstreckung von Grundrechten auf juristische Personen Voraussetzung sei.[42] Das Gericht zieht hier wohl im Ergebnis zu Recht die

[37] Dazu etwa *Erichsen* (Anm. 11), S. 67; zu unterschiedlichen Aspekten der Dezentralisierung *Häußermann* (Anm. 8), S. 47.

[38] *Janbernd Oebbecke*, Dezentraler Vollzug und europäische Integration, in: Deutsche und europäische Verfassungsgeschichte: Sozial- und rechtswissenschaftliche Zugänge, 1997, S. 35f.

[39] Dazu *Erichsen* (Anm. 11), S. 41; *Waechter* (Anm. 8), S. 15.

[40] Siehe dazu etwa *Stober* (Anm. 14), S. 105ff.

[41] *Erichsen* (Anm. 11), S. 43f.; *Dreier*, in: H. Dreier (Hg.), Grundgesetz-Kommentar, Bd. 1, 1996, Art. 19 III Rnr. 44 und 46 jeweils mit weiteren Nachweisen.

[42] BVerfG, Beschl. v. 8.7.1982 - 2 BvR 1187/80 -, BVerfGE 61, 82 (105ff) (Sasbach).

Konsequenz aus der erwähnten Etatisierung der Kommunen. Die Beziehungen innerhalb der gegliederten staatlichen Ordnung - dazu gehört das Verhältnis zwischen den Kommunen und Bund oder Ländern - sind nicht grundrechtlich geprägt.

Der Schutz der Kommunen gegen Eingriffe in ihr Vermögen muß durch das Organisationsrecht, verfassungsrechtlich heißt das: durch die Selbstverwaltungsgarantie gewährleistet werden. Man wird dabei bedenken müssen, daß Vermögen und finanzielle Ausstattung nicht identisch, aber funktional teilweise äquivalent sind. Die Kommune, die über ein ausreichendes Bürogebäude in der Innenstadt verfügt, spart die sonst anfallenden Mieten; wenn sich bei einer Optimierung des kommunalen Liegenschaftsmanagements ergeben sollte, daß ein guter Teil der Büronutzungen ohne betriebliche Nachteile auf preiswerteren Flächen stattfinden kann, lassen sich die freiwerdenden Räume vermieten und erbringen damit einen Ertrag für den Haushalt. Das landwirtschaftlich genutzte Grundstück im Eigentum der Kommune kann als Bauland oder Tauschfläche genutzt oder bei Bedarf zur Finanzierung einer Investition eingesetzt werden, für die sonst ein Kredit aufgenommen werden müßte. Der Eingriff in das kommunale Vermögen ist immer zugleich ein Eingriff in die kommunale Finanzwirtschaft.

Bei dem Versuch, diese Art Eingriffe verfassungsrechtlich umfassend zu bewerten, macht sich neben dem Fehlen einer angemessenen kommunalen Vermögensrechnung[43] nun eine weitere Unklarheit in Bezug auf die kommunale Rechtssubjektivität bemerkbar: Sind die Kommunen auch hinsichtlich der Haftung für ihre Verbindlichkeiten selbständige Vermögenseinheiten oder hat letztlich das jeweilige Land für ihre Verbindlichkeiten einzustehen? Bei einigen kleinen Gemeinden haben wir Zahlungsunfähigkeit erlebt,[44] und es ist durchaus nicht auszuschließen, daß dieser Fall auch bei einer Großstadt einmal eintritt. Eine gesetzliche Antwort auf diese

[43] Dazu etwa *Klaus Lüder*, Innovationen im öffentlichen Rechnungswesen, in: Staat und Verwaltung (Anm. 20), S. 249ff; *Wolfgang von Zwehl/Michael Zupancic*, Die kommunale Rechnungslegung - Anspruch und Wirklichkeit, DÖV 1990, S. 223 (228); *dies.*, Der kommunale Lagebericht - Ein Instrument zur Verbesserung der kommunalen Rechnungslegung, DÖV 1990, S. 265 (267).

[44] Siehe etwa Kommunen unter Kuratel, FAZ v. 5.8.1995, S. 9.

Frage, die auch im übrigen von erheblichem praktischem Interesse ist, fehlt. Die Gemeindeordnungen begnügen sich dazu mit einer Bestimmung, wonach die Zwangsvollstreckung gegen eine Kommune nur mit Genehmigung der Aufsichtsbehörde zulässig ist.[45] Ob ein Gläubiger mit einem rechtskräftigen Titel leer ausgehen kann, solange die Kommune nicht zahlen kann, ist fraglich.

Eine Diskussion über die haftungsrechtliche Selbständigkeit der Kommunen findet gegenwärtig - soweit erkennbar - nur im Hinblick darauf statt, wie die Bonität der Kommunen bei der Vergabe von Krediten durch Kreditinstitute einzuschätzen ist.[46] Sie hat eine gewisse Schieflage, weil sie sich auf die Amtshaftung für kommunalaufsichtliches Versagen und damit auf die Fälle konzentriert, in denen ein Verschulden auf Seiten der Aufsichtsbehörden angenommen werden kann, weil Handlungsalternativen bestanden. Sicher können in diesen Fällen keine Amtspflichten gegenüber den Gläubigern der Kommune verletzt werden, denn diesen gegenüber obliegen der Kommunalaufsicht keine Amtspflichten.[47] Nach der Rechtsprechung schon des Reichsgerichtes bestehen aber Amtspflichten gegenüber der beaufsichtigten Kommune.[48] Es erscheint äußerst zweifelhaft, ob sich die Aufsichtsbehörde, die es schuldhaft unterläßt, die Beachtung der gesetzlichen Bestimmungen durchzusetzen, die die kommunale Handlungsfähigkeit dauerhaft sichern sollen, auf ein Mitverschulden der Kommune berufen kann; die Aufsicht soll die Kommunen ja gerade davor schützen, daß ihre eigenen Organe versagen. Einen Haftungsausschluß wird man jedenfalls nicht annehmen können.[49]

[45] Etwa § 125 GO NW.

[46] *Ernesto Loh/Norbert Wimmer*, Aktuelle Fragen bei der Vergabe von Kommunalkrediten, WM 1996, S. 1941ff.

[47] Ebd., S. 1948.

[48] RG, Urt. v. 23.9.1927 - III 25/27 -, RGZ 118, 94 (99); BGH, Urt. v. 5.5.1958 - III ZR 125/57 -, BGHZ 27, 210 (214). Aus dem Schrifttum: *Hans-Jürgen Papier*, in: Münchener Kommentar zum Bürgerlichen Gesetzbuch, Bd. 3, 2. Halbbd., 2. Aufl. 1986, § 839 Rnr. 231; *Hartmut Maurer*, Allgemeines Verwaltungsrecht, 11. Aufl. 1997, S. 648; *Fritz Ossenbühl*, Staatshaftungsrecht, 4. Aufl. 1991, S. 56; *Franz Cromme*, Staatshaftung der Kommunalaufsichts- und Fachaufsichtsbehörden gegenüber Gemeinden, DVBl. 1996, 1230 (1231).

[49] Siehe für die Stiftungsaufsicht BGH, Urt. v. 3.3.1977 - III ZR 10/74 -, BGHZ 68, 142 (151).

Die Möglichkeit solcher Ansprüche macht die Frage, ob die Kommunen in die staatliche Haftungseinheit einbezogen sind, nicht überflüssig. Die Schere zwischen den gesetzlichen Verpflichtungen und den finanziellen Möglichkeiten der Kommune öffnet sich in Einzelfällen so schnell, daß unter Umständen weder die Kommune selbst noch die Aufsichtsbehörden eine reale Möglichkeit haben, das Zögern des Gesetzgebers bei der Rücknahme der Belastungen auszugleichen. Kann die arbeitsteilige Organisation des Staates in solchen Fällen den Gläubigern der Kommune als einer Handlungseinheit entgegengehalten werden?[50] Anders gefragt: Ist die Gewährträgerhaftung für öffentlich-rechtliche Kreditinstitute[51] nur der ausnahmsweise positiv geregelte Sonderfall[52] einer generell geltenden Regel? Kann der Gläubiger einer zahlungsunfähigen Kommune also nicht nur in einen eventuellen Amtshaftungsanspruch der Kommune gegen das aufsichtsführende Land vollstrecken, sondern steht ihm unabhängig vom Vorliegen einer schuldhaften Amtspflichtverletzung ein unmittelbarer Anspruch gegen das jeweilige Land zu?[53]

Die Frage nach der haftungsrechtlichen Selbständigkeit der Kommune ist auch finanzverfassungsrechtlich von Bedeutung. Grundgesetz[54] und Landesverfassungen[55] ziehen Bund und Ländern Grenzen für die Kreditaufnahme. Besteht eine Haftungseinheit, haben diese Bestimmungen bei der nicht einbezogenen kommunalen Verschuldung eine offene Flanke. Die Regelung des Vertrages von Maastricht über die staatliche Kreditaufnahme hingegen bezieht

50 Im Ergebnis in diesem Sinne der Runderlaß III Nr. 89/1994 des brandenburgischen Ministers des Innern III/4, ABl. Bbg. 1994, 1726f.

51 Etwa §§ 6 S. 1 und 2, 39 III 1 und 2 SpkG NW.

52 Auch de lege lata ist die Gewährträgerhaftung nicht auf die öffentlich-rechtlichen Kreditinstitute beschränkt. § 87 IV BerlHG lautet: „Für Verbindlichkeiten der Hochschule haftet das Land Berlin als Gewährträger unbeschränkt."

53 *Dirk Ehlers*, Verwaltung in Privatrechtsform, 1984, S. 321f. nimmt für die nicht ganz gleich gelagerte Frage der Haftung für privatrechtliche Rechtssubjekte an, aus rechtsstaatlichen Gesichtspunkten ergebe sich die Pflicht, die betroffenen Gläubiger den Ausfall nicht allein tragen zu lassen.

54 Art. 115 I 2 GG.

55 Etwa Art. 83 S. 2 LVerf NW.

auch die Kommunen ein.[56] Bilden die Kommunen eine Haftungseinheit mit den Ländern, ist diese Einbeziehung nur konsequent, sind sie auch insoweit selbständige Vermögenseinheiten, stellt sie eher eine Regelung zur Sicherstellung der Lastengleichheit zwischen den Mitgliedsstaaten dar.

Die kommunale Eigenverantwortlichkeit wird nach Art. 28 II GG ausdrücklich durch den „Rahmen der Gesetze“ begrenzt. Es ist immer wieder darüber geschrieben und gesprochen worden, daß ein Übermaß an rechtlichen Vorgaben die Selbstverwaltung lähmt und die nützlichen Wirkungen der Dezentralisierung für das Ganze zunichte macht.[57] Das ist nachhaltig zu unterstreichen.

Allerdings ist auch zu bedenken, daß Regeln und Standards entlastend wirken. Das ist einer der Gründe dafür, warum der Wunsch danach nicht selten gerade aus dem kommunalen Raum kommt. Ohne Frage ist es hilfreich für eine Gemeinde, die einen Kindergarten baut, nachlesen zu können, wie hoch die Haken anzubringen sind, an denen die Kindermäntelchen aufgehängt werden sollen. Probleme tauchen erst auf, wenn irgendjemand unter Androhung rechtlicher Konsequenzen kontrollieren zu müssen glaubt, ob diese zweckmäßige Höhe um zwei oder drei Zentimeter verfehlt worden ist. Ebenso wichtig wie Bemühungen um den Abbau von Regeln und Standards, ist es deshalb, das Augenmerk auf überbesetzte oder fehlgesteuerte aufsichtsführende oder Mittel gewährende Dienststellen zu richten.

Gegenwärtig setzt sich indessen, allerdings sehr langsam, die Einsicht durch, daß erhebliche Rückschnitte, ja vielleicht sogar Rodungsarbeiten auf dem üppigen Acker normativer Vorgaben für die kommunale Selbstverwaltung überfällig sind. Es ist offenkun-

56 *Roland Vogel*, Kommunalhaushalt und Europäische Union, Gemeindehaushalt 1996, S. 85ff; *Hans-Günter Henneke*, Die Gewährleistungspflicht der EU-Mitgliedsstaaten zur Einhaltung von Haushaltsdisziplin, ZG 1996, 299ff.

57 Siehe nur *Albert von Mutius*, Sind weitere rechtliche Maßnahmen zu empfehlen, um den notwendigen Handlungs- und Entfaltungsspielraum der kommunalen Selbstverwaltung zu gewährleisten?, Gutachten E zum 53. Deutschen Juristentag 1980, S. 57ff. Immer noch eindrucksvoll auch *Willi Blümel*, Gemeinden und Kreise vor den öffentlichen Aufgaben der Gegenwart, VVDStRL 36, S. 171 (190ff); seine S. 196f. gegenüber Hoffnungen auf eine Besserung geäußerte Skepsis hat sich als berechtigt erwiesen.

dig, daß dieser Prozeß durch die schwierige Haushaltslage befördert wird. Daß die Lockerungen derzeit noch in Form von Experimentierklauseln und Versuchen auftreten,[58] zeigt, wie schwierig der Widerstand der Fachinteressen immer noch zu überwinden ist. Der Diskussionszusammenhang mit der Erprobung neuer Steuerungsmodelle läßt aber hoffen, daß der Impuls nicht allein von der Finanznot herrührt.

Gerade im vergleichenden Blick auf die Unternehmen der Wirtschaft erstaunt den Betrachter immer wieder, wie wenig die Festlegung aller Kommunen eines Landes auf eine einzige Kommunalverfassung aus der Praxis heraus in Frage gestellt wird. Das Großunternehmen Millionenstadt Köln wird nach denselben gesetzlichen Regeln geführt wie die kleineren, mittelständisch strukturierten Gemeinden von fünf- oder achttausend Einwohnern. Sicher läßt die Gemeindeordnung für ihre Handhabung Spielräume, nicht nur bei der Zahl der Beigeordneten oder der Sitzungsfrequenz des Rates. Sicher sind im Hinblick auf die Wahl des Rates und des Bürgermeisters durch die Bürger Bestimmungen über Aufgaben und Befugnisse der kommunalen Organe in gewissem Umfang unverzichtbar. Ob der Rat allerdings durch ein Delegationsverbot gezwungen werden muß, sich mit jeder Bebauungsplanänderung zu befassen,[59] ob Einzelheiten der Vertretung der Gemeinde in Gesellschaften[60] oder die Rechte der Minderheiten im Rat[61] zwingend vorgegeben werden müssen, ob der Staat wie neuerdings in Nordrhein-Westfalen die Entscheidung über die Höhe der Aufwandsentschädigungen für die Ratsmitglieder treffen muß,[62] erscheint doch sehr zweifelhaft. Der Gesetzgeber könnte hier und an zahlreichen anderen Stellen sehr viel stärker der Selbstorganisation der Kommunen, wenn nur Transparenz gewährleistet wird, auch der Kontrolle durch den politischen Prozeß und dem Wettbewerb zwischen unterschiedlichen Lösungen vertrauen.

[58] Etwa § 126 GO NW; §§ 133 IV, 146 GO Sachsen-Anhalt. Siehe auch den Entwurf eines Gesetzes zur Stärkung der Leistungsfähigkeit der Kreise, Städte und Gemeinden in Nordrhein-Westfalen, LT-Drs. 12/2340.

[59] Das folgt aus §§ 10 BauGB, 41 I Buchst. f GO NW.

[60] Etwa § 113 GO NW.

[61] Etwa §§ 48 I 2 oder 58 V GO NW.

[62] So § 45 V GO NW.

Eigenverantwortliches Entscheiden und Handeln setzt eine ausreichende finanzielle Basis voraus. Die finanzielle Krise der öffentlichen Haushalte verschont auch die Kommunen nicht. Die Situation ist allerdings sehr unterschiedlich, viel unterschiedlicher als das nur sehr begrenzt aussagefähige und mindestens in einer gewissen Spannweite manipulationsoffene Datum Haushaltsausgleich erkennen läßt. Bei der hier angezeigten langfristigen Betrachtung verdient die Entwicklung der Einnahmestruktur aber erheblich mehr Aufmerksamkeit als die gegenwärtige Haushaltslage. Zu Recht ist immer wieder darauf hingewiesen worden, daß die Gewerbesteuer durch die Abschaffung der Lohnsummensteuer, durch die freibetragsbedingte Entwicklung zur Großbetriebssteuer und jetzt durch die Abschaffung der Gewerbekapitalsteuer an Bedeutung erheblich eingebüßt hat.[63] Sicher bietet eine kommunale Beteiligung an der Umsatzsteuer den Vorteil relativ hoher Einnahmesicherheit.[64] Anders als eine breiter fundierte Gewerbesteuer[65] und anders als ein Zuschlag zur Einkommenssteuer es sein könnte, ist diese Einnahme der Höhe nach aber nicht disponibel.[66] Damit verliert die kommunale Selbstverwaltung unverkennbar Substanz. Die jetzt beschlossene verfassungsrechtliche Garantie wird durch die aktuellen Mängel der Gewerbesteuer infiziert; man wird nicht umhin können, den jetzt verbliebenen Torso als verfassungskonform anzusehen.

Die Folgen der skizzierten Entwicklung sind absehbar. Mit der Reduktion der disponiblen Besteuerungsmöglichkeiten verringert sich zugleich der Umfang, in dem mit dem Hebesatz auf die fortbestehenden Unterschiede bei Finanzkraft und Bedarf reagiert werden kann. Die verbliebene Gewerbesteuer ist nicht nur starken konjunkturellen Schwankungen ausgesetzt, sondern wird auch durch die Ausweichstrategien gegen als zu hoch empfundenen Einkommens- und Körperschaftssteuern tangiert. Schon jetzt sprechen Anzeichen dafür, daß die Kommunen Ausgleich bei der Grund-

[63] Etwa *Hannes Rehm*, Zur Zukunft der Kommunalfinanzen, PVS 1991 Sonderheft 22, S. 126 (131).

[64] *Isolde Nath*, Die Kommunen in den öffentlichen Finanzbeziehungen von morgen, in: Kommunalpolitik in Bayern (Anm. 29), S. 61 (63).

[65] Dafür etwa *Rehm* (Anm. 63), S. 143.

[66] Zur Bedeutung der Höhe nach frei bestimmbarer Einnahmen siehe auch *Thomas Ellwein* (Anm. 7), S. 12f.

steuer suchen werden, die deshalb an Bedeutung gewinnen dürfte. Der Einwand, die Grundsteuer treffe auch die einkommensschwachen Teile der Bevölkerung über die Kosten des Wohnens ist nicht unberechtigt; allerdings trifft diese Last die oberen Einkommensgruppen wegen der stärkeren Inanspruchnahme von Grund und Boden deutlich stärker. Es könnte sich sogar als Vorteil erweisen, daß über eine spürbare Grundsteuer das Interesse an der Kommunalpolitik und der Haushaltssituation der Kommunen verbreitert werden kann.[67]

4. Allzuständigkeit als Entwicklungsoffenheit

Allzuständigkeit bedeutet Offenheit des Aufgabenbereiches. Aufgrund eigener autonomer Entscheidung kann die Kommune Aufgaben definieren und wahrnehmen. Einer gesetzlichen Ermächtigung bedarf sie dazu grundsätzlich nicht. Die verfassungsrechtliche Garantie der Allzuständigkeit für die Gemeinden und die gesetzlich eingeräumte und überwiegend nur durch die Rücksicht auf den räumlichen Zuständigkeitsbereich der Gemeinden beschränkte[68] Allzuständigkeit der Kreise[69] erlaubt dem Staat in der Bundesrepublik ein schnelles Aufgreifen neuer Probleme und eine flexible Reaktion auf die Änderung gesellschaftlicher Nachfrage nach staatlichen Leistungen.

Einer der augenfälligsten Beweise für die Tragfähigkeit des politischen Konzepts der kommunalen Selbstverwaltung ist das stetige und reibungslose Funktionieren dieses Prozesses.[70] Die verschiedenen Facetten der Umweltpolitik vom Boden- und Klimaschutz bis zum Kampf gegen überflüssige Verpackungen, die Globalisierung der politischen Verantwortung etwa als kommunale Entwicklungspolitik oder als Schutz der Tropenwälder, die Frauenpolitik oder

67 Zur sog. fiskalischen Kongruenz *Rehm* (Anm. 63), S. 139; siehe dazu auch den Leserbrief von *Norbert Zimmermann*, FAZ v. 18.7.1997, S. 8.
68 BVerfG, Urt. v. 23.11.1988 - 2 BvR 1619, 1628/ 83 -, BVerfGE 79, 127 (150f.) (Rastede).
69 BVerfG, Urt. v. 31.10.1990 (Anm. 11), S. 54.
70 Siehe dazu am Beispiel Hessen *Udo Bullmann*, Zur „Identität der lokalen Ebene“, PVS 1991, Sonderheft 22, S. 72 (79).

die jüngste Hinwendung zur Sicherheitspolitik oder die kommunalen Forderungen nach dem Kommunalwahlrecht auch für Nicht-Unionsbürger zeigen: Die Kommunalpolitik ist das große Einfallstor, durch das neue Themen in die Politik gelangen. Daß sich dabei manches als dauerhaft wichtig erweist und Anstoßwirkung für die staatliche Politik hat, anderes dagegen modisch-entbehrlich, gelegentlich vielleicht sogar albern ist, kann nicht überraschen. Wer das eine will, muß auch das andere akzeptieren, denn vielfach erweist sich erst in der praktischen Handhabung die Ernsthaftigkeit von Bedürfnissen und die Funktionalität von Lösungen. Wer für Neues offen bleiben will, muß sich aber auch von Altem trennen können. Sogar in diesem Punkt tun sich wenigstens einige Kommunen leichter als Länder und Bund.

Unter hohem Rechtfertigungsdruck steht die wirtschaftliche Betätigung der Kommunen, und dieser Druck wird, wie es aussieht, anhalten.[71] Es geht um die Frage, unter welchen Bedingungen der Staat sich mit Angelegenheiten befassen soll, mit denen man tatsächlich oder vermeintlich Geld verdienen kann. Verschiedene Entwicklungen laufen hier zusammen und heizen einen schon lange schwelenden Konflikt an.

Hier und da nehmen Kommunalpolitiker in diesen Zeiten stagnierender oder zeitweise gar rückläufiger Steuereinnahmen ihre Zuflucht zu dem Gedanken, die kommunale Finanzwirtschaft durch unternehmerische Betätigung sanieren zu können.[72] Andere versprechen sich von einem auch industriepolitisch mitmotivierten Engagement, etwa im Markt der neuen Medien, langfristigen Nutzen für die Entwicklung der regionalen Wirtschaft und den Arbeitsmarkt. Die durch die Haushaltskrise forcierte, längst überfällige Hinwendung zu einer stärker ökonomischen Betrachtung der kommunalen Aktivitäten führt zu Rationalisierungsüberlegungen mit teilweise eindrucksvollen Ergebnissen. Anders als die private Wirtschaft sehen die Kommunen wegen des öffentlichen

[71] Zu dieser Diskussion etwa *Hermann Hill*, Das nächste Jahrhundert - Ein Jahrhundert der Kommunen, in: Staat und Verwaltung (Anm. 20), S. 345 (355f.).

[72] Dazu „Wenn die Töchter der Mutter über den Kopf wachsen“, Westfälische Rundschau v. 24.7.1997 (zu Dortmund); *Otting* (Anm. 23), S. 49ff.

Dienstrechts und mit Rücksicht auf die ohnehin hohe Arbeitslosigkeit aber keine Chance, Rationalisierungserfolge durch betriebsbedingte Kündigungen zu realisieren. Statt dessen wird versucht, die vorhandenen Kapazitäten dadurch auszulasten, daß man am Markt Angebote macht, etwa die Reparatur von Kraftfahrzeugen, Gärtnerarbeiten, Druckleistungen usw. Jedenfalls solange, wie sonst ungenutzte Kapazitäten eingesetzt werden, können diese Leistungen auch bei streng betriebswirtschaftlicher Kalkulation zu sehr günstigen Konditionen angeboten werden, weil die Grenzkosten sehr niedrig sind. Nicht selten sind im Management des damit am Markt agierenden kommunalen Betriebes tüchtige Leute tätig, die Sache läuft gut, hier und da stößt die Kommune mit ihrem Angebot vielleicht auch auf Schlafmützenkonkurrenz, egal warum - es entsteht der Anreiz, die Sache weiterzuführen oder gar auszubauen.

Die private Konkurrenz zeigt natürlich wenig Bereitschaft zu akzeptieren, daß ihr von einer Seite Konkurrenz gemacht wird, die wegen des Einsatzes öffentlicher Mittel Vorteile im Wettbewerb genießt und vor den existentiellen Folgen unternehmerischen Versagens gesichert ist. Vor allem die betroffene mittelständische Konkurrenz, die vergleichsweise wenig Möglichkeiten hat, dem auf ihr lastenden Steuerdruck auszuweichen, reagiert empört, wenn sie von der öffentlichen Hand jetzt auch noch am Markt unter Druck gesetzt wird.[73]

Das deutsche Kommunalrecht sieht die rechtliche Ordnung der wirtschaftlichen Betätigung in der Tradition der Deutschen Gemeindeordnung praktisch ganz überwiegend immer noch und dem Grunde nach wohl auch zu Recht als ein Instrument zum Schutz der Kommunen vor den ökonomischen Gefahren des Wirtschaftens an.[74] Daneben finden sich als Reaktion auf eine starke Verselbständigung von Eigengesellschaften Bemühungen, die Gesamtsteuerung der kommunalen Aktivitäten und den maßgeblichen

[73] Etwa *Martin Aßmann*, Scheinprivatisierung macht noch keinen Markt. Der Staat tritt zunehmend als Konkurrent der originär privaten Ingenieurbüros auf, FAZ v. 20.8.1997, S. 14.

[74] Siehe dazu *Franz Jürgen Säcker*, Rechtliche Grundlagen kommunaler Eigengesellschaften, in: Festschrift für Otfried Lieberknecht, 1997, S. 107 (111f.); *Stober* (Anm. 14), S. 340; *Edzard Schmidt-Jortzig*, Kommunalrecht, 1982, S. 233, jeweils mit weiteren Nachweisen.

Einfluß der Kommune sicherzustellen.[75] Der Landesgesetzgeber stößt dabei allerdings auf das bundesrechtliche Problem, daß nach dem Konzernrecht die weitgehende Instrumentalisierung einer Gesellschaft für Gesellschafterinteressen - hier die kommunalen Anliegen - und die Haftungsbegrenzung schwerlich zusammengehen.[76] Die Diskussion über die Steuerungsfragen hat auch zu einem verstärkten Interesse an der Rechtsform des Eigenbetriebes und optimierten Gestaltungen des Regiebetriebs geführt.

Nach der im Schrifttum allerdings umstrittenen[77] Rechtsprechung des Bundesverwaltungsgerichts dienen die Vorschriften des Gemeindewirtschaftsrechts nicht dem Schutz privater Konkurrenz.[78] Diese für eine erwerbswirtschaftliche Betätigung der Kommunen recht günstige Rechtslage - private Konkurrenten können sich vor den Verwaltungsgerichten nicht dagegen wehren - gerät neuerdings von verschiedenen Seiten unter Druck:

Die Bewegung geht auf der einen Seite vom Wettbewerbsrecht aus. Das Oberlandesgericht Düsseldorf hat in einem Fall einem Konkurrenten einen Unterlassungsanspruch aus § 1 UWG zugesprochen, weil eine Kommune unter Verstoß gegen das Gemeindewirtschaftsrecht Nachhilfeunterricht angeboten hatte.[79] Die Unlauterkeit des Wettbewerbs ergibt sich nach dieser im Gegensatz zu einer Entscheidung des Bundesgerichtshofs[80] stehenden Auffassung aus dem Gesetzesverstoß.[81] Sollte sich diese Sichtweise durchsetzen, läge der Rechtsschutz des Konkurrenten gegen kommunale Wirtschaftstätigkeit künftig in der Praxis nicht mehr bei den Verwaltungsgerichten, sondern bei den Zivilgerichten. Breitenwirkun-

[75] Zum Beispiel Nordrhein-Westfalen siehe *Janbernd Oebbecke*, Die kommunale Beteiligung nach der Reform des nordrhein-westfälischen Kommunalrechts, StuGR 1995, 387 (389ff).

[76] *Ulrich Noack*, Gesellschaftsrechtliche Fragen kommunaler Beteiligung an Gesellschaften des Privatrechts, StuGR 1995, 379 (381ff).

[77] Siehe etwa *Hans-Uwe Erichsen* (Anm. 11), S. 291f.; *Albert von Mutius*, Kommunalrecht, 1996, S. 276f. mit weiteren Nachweisen.

[78] BVerwG, Urt. v. 22.2.1972 - I C 24.69 - BVerwGE 39, 329 (336); offen gelassen von OVG NW, Urt. v. 2.12.1985 - 4 A 2214/84 -, NVwZ 1986, 1045.

[79] Urt. v. 10.10.1996 - 2 U 65/96 -.

[80] BGH, Urt. v. 26.4.1974 - I ZR 8/73 -, NJW 1974, 1333.

[81] Dagegen etwa *Otting* (Anm. 23), S. 234ff.

gen kann diese Rechtsprechung aber deshalb kaum gewinnen, weil der Gesetzgeber jedenfalls in Nordrhein-Westfalen den Kommunen weite Bereiche ausdrücklich als Tätigkeitsfelder eröffnet hat.[82] Der Nachhilfeunterricht war dabei offenbar übersehen worden; schon eine private Sprach- oder Sportschule könnte sich nicht nach demselben Muster gegen kommunale Konkurrenz wehren, weil der Gesetzgeber für diese Fälle Vorsorge getroffen hat.[83] Für die Telekommunikation, die sich bisher ebenfalls nicht subsumieren läßt, schafft der Gesetzgeber in Nordrhein-Westfalen jetzt Abhilfe durch eine Ergänzung der Gemeindeordnung.[84]

Sehr viel langfristiger und auch sehr viel tiefgreifender sind die Impulse, die vom europäischen Recht ausgehen. Hier ist das Beihilfeverbot[85] zu nennen, das hier und da bei der Konzipierung von Aktivitäten im Wettbewerb eher vernachlässigt worden sein dürfte, aber auch das Verbot des Mißbrauchs einer marktbeherrschenden Stellung. Die Impulse, die vom Gemeinschaftsrecht in Richtung auf eine materielle Privatisierung zielen, gehen darüber aber deutlich hinaus.[86]

Druck entsteht aber auch von ganz vertrauter Seite, aus dem Gebührenrecht. Inzwischen ist anerkannt, daß die gebührenrechtlichen Grundsätze für die Entgelthöhe auch gelten, wenn ein privatrechtliches Entgelt erhoben wird. Es kann nun nicht verwundern, daß neuerdings gefolgert wird, den damit verbundenen Schutz der Bürger könnten die Kommunen nicht dadurch unterlaufen, daß sie auftragsweise Private in die Leistungserbringung einschalten und die an diese gezahlten Beträge als Kosten ohne weiteres in die Gebührenrechnung einstellen; die nach gebührenrechtlichen Grund-

82 § 107 II GO.

83 Nach § 107 II GO NW gilt der Betrieb von öffentlichen Einrichtungen auf dem Gebiet des Sports nicht als wirtschaftliche Betätigung; Sprachkurse fallen unter die den dort genannten Volkshochschulen obliegende Weiterbildung.

84 Entwurf eines Gesetzes zur Stärkung der wirtschaftlichen Betätigung von Gemeinden und Gemeindeverbänden im Bereich der Telekommunikationsleistungen der Fraktionen von SPD und Bündnis 90/Die Grünen v. 10.6.1997 (LT-Drs. 12/2113).

85 Art. 92 ff EGV. Dazu etwa: *Angela Faber*, Europarechtliche Grenzen kommunaler Wirtschaftsförderung, 1992, S. 84ff; *Stern* (Anm. 5), S. 29.

86 Siehe etwa *W. Devroe*, Privatizations and Community law: Neutrality versus Policy, CMLR 34, 1997, 267ff.

sätzen berechneten Kosten einer fiktiven Leistungserbringung durch die Kommune sollen danach in jedem Fall die oberste Grenze des zulässigerweise berechneten Entgelts markieren.[87] Diese Deduktion wirft sicher eine Reihe von Fragen auf; nicht zuletzt ist zu bedenken, daß auch ein beauftragtes Unternehmen seinerseits Vorleistungen in Anspruch nimmt, das Gebührenrecht aber wohl nicht ein unbegrenztes Zurückgehen in der Auftragskette erfordert.

Wenn und soweit diese Überlegungen richtig sind, haben sie aber auch für die wirtschaftliche Betätigung Bedeutung. Die Kommunen berufen sich auf ihre Allzuständigkeit und damit auf Art. 28 II GG, wenn es darum geht, ob sie berechtigt sind, sich wirtschaftlich zu betätigen.[88] Das ist folgerichtig, denn wegen der erwähnten juristischen Etatisierung können sie die von Art. 12 I GG den Privaten gewährleistete Freiheit wirtschaftlicher Betätigung nicht für sich in Anspruch nehmen. Diese Allzuständigkeit gilt aber nur für Verwaltungshandeln.[89] Die so legitimierte wirtschaftliche Betätigung am Markt ist materiell aber ebenso Verwaltung wie die Abwasserbeseitigung oder die Erteilung einer Baugenehmigung.[90] Wenn die Kommunen die ihnen als Verwaltungsträger eingeräumte Freiheit in Anspruch nehmen, um am Markt zu agieren, spricht einiges dafür, daß sie auch die für die Verwaltung geltenden Bindungen, etwa das Gebührenrecht, gegen sich gelten lassen müssen. Die ökonomische Attraktivität wirtschaftlicher Betätigung hängt bei dieser Betrachtungsweise davon ab, in welchem Umfang nach gebührenrechtlichen Grundsätzen de lege lata oder wenigstens de lege ferenda ein angemessener Gewinn als Unternehmerlohn oder Ausgleich des Unternehmerwagnisses möglich ist.

Was nach wie vor aussteht, ist eine breite, aus den Interessenzwängen der Einzelentscheidung gelöste Diskussion über Sinn und Unsinn kommunaler Aufgabenerfüllung am Markt und in Bereichen, in denen private Unternehmen tätig sein könnten. Diese Dis-

[87] *Franz-Joseph Peine*, Grenzen der Privatisierung - verwaltungsrechtliche Aspekte, DÖV 1997, S. 353 (358ff).

[88] *Hans-Uwe Erichsen* (Anm. 11), S. 271.

[89] Etwa *Säcker* (Anm. 74), S. 109ff.

[90] Siehe etwa *Paul J. Glauben*, Wirtschaftliche Betätigung der Kommunen in Privatrechtsform, ZG 1997, 148 (151).

kussion hätte davon auszugehen, daß es eine Zauberformel, die nur in das Gesetz geschrieben werden muß, nicht gibt. Wir haben es mit einem Ausschnitt der Frage zu tun, welche Aufgaben Staatsaufgaben sind. Die Antwort darauf kennen wir. Sie lautet: die Aufgaben, für deren Wahrnehmung der Staat sich entschieden hat.[91] Es geht um die Maßstäbe für diese Entscheidung.

Die mehr oder weniger begründete Hoffnung, Haushaltsmittel zu erwirtschaften, soweit sie denn überhaupt besteht, genügt als Argument für die Übernahme einer Verwaltungsaufgabe wohl nicht.[92] Umgekehrt trifft auch die These nicht zu, kommunale Aufgabenerfüllung könne deshalb nicht in Betracht kommen, weil Private immer wirtschaftlicher und damit kostengünstiger arbeiten.[93] Als Grund für eine Aufgabenübernahme durch die Kommune kommt vor allem in Betracht, daß eine Aufgabe gerade nicht unter den Bedingungen wirtschaftlichen Wettbewerbs, sondern nach anderen als ökonomischen Prioritäten wahrgenommen werden soll. Ganz zu Recht hat *Klaus König* dazu jüngst im Blick auf bestimmte Aspekte der neuen Steuerungsmodelle bemerkt, man könne Güter wohl nicht dem Wettbewerb auf dem Markt entziehen, um sie dann in den Verwaltungen dem Wettbewerb durch Marktsurrogate auszusetzen.[94]

Auch im Kerngeschäft der Kommunen gibt es Entwicklungsmöglichkeiten, wie die neue Hinwendung zu den Problemen der inneren Sicherheit zeigt. Zum Kerngeschäft gehört auch die kommunale Schulträgerschaft. Hier haben wir traditionell die merkwürdige Aufgabenteilung, daß der Staat nicht nur für die Inhalte des Unterrichts, sondern auch für die Lehrer verantwortlich ist, die Kommune aber für die Räume, die Unterrichtsmittel, den Hausmeister und die Sekretärin.[95] Für jeden, der erlebt hat, welche Probleme

[91] *Püttner* (Anm. 32), S. 34.
[92] *Hill* (Anm. 71), S. 356; *ders.*, In welchen Grenzen ist kommunalwirtschaftliche Betätigung Daseinsvorsorge?, BB 1997, 425 (430); *Machura* (Anm. 34), 537; *Alexander Schink*, Kommunalverfassungsrechtliche Grenzen und Möglichkeiten für die Teilnahme der kommunalen Gebietskörperschaften an der Kreislaufwirtschaft, UPR 1997, 201 (206).
[93] *Ellwein* (Anm. 7), S. 16.
[94] *König* (Anm. 35), S. 423.
[95] Dazu auch *Ellwein* (Anm. 7), S. 7.

sich hier wegen der Etatgrenzen auftun, bleibt es ein Rätsel, wie die Schulen dennoch halbwegs funktionieren können. Naheliegende Lösungen, etwa die Lehrer durch den Einsatz von Verwaltungspersonal für ihre Lehraufgaben freizumachen oder ihnen in den Sonderschulen anders ausgebildetes Personal, etwa Erzieher oder Therapeuten, an die Seite zu stellen, sind allenfalls nach jahrelangen schwierigen Verhandlungen realisierbar. Sinnvoll wäre es, die Verantwortung für die verschiedenen schulischen Produktionsfaktoren in kommunaler Hand zusammenzufassen und den notwendigen inhaltlichen Rahmen durch Gesetz und Verordnung zu ziehen. Allerdings setzt eine solche Lösung in manchen Ländern wie etwa in Nordrhein-Westfalen,[96] nach herrschender Meinung aber auch im Bund,[97] eine Verfassungsänderung voraus. Für die Schulartikel der Verfassungen sind die Kommunen immer noch wie die Kirchen oder private Schulträger gesellschaftliche Kräfte, denen man den Betrieb von Schule auch im Rahmen klarer gesetzlicher Regelungen nicht selbständig überlassen darf, die man vielmehr durch eine bis tief in den laufenden Betrieb eingreifende, als Schulaufsicht bezeichnete Kuratel unter Kontrolle halten muß.

Die kommunale Fähigkeit und Bereitschaft, von der Allzuständigkeit Gebrauch zu machen und auf neue Herausforderungen durch die Übernahme neuer Aufgaben zu reagieren, hängt natürlich auch davon ab, ob dafür die materiellen Bedingungen gegeben sind. Weil nicht nur die Übertragung von Aufgaben, sondern auch die Auferlegung finanzieller Lasten die materiellen Möglichkeiten beschränkt, kann der Staat die Allzuständigkeit der Kommunen auch durch Zugriff auf ihre finanzielle Handlungsfähigkeit beschränken.[98] Hier hat in den letzten Jahren nicht allein, aber vor allem der Bund die Kommunen stark in Anspruch genommen, besonders durch den Abbau von Leistungen im Bereich der Sozial-

[96] Art. 8 III 2 und 3 LVerf.

[97] *Rolf Gröschner*, in: H. Dreier (Hg.), Grundgesetz-Kommentar, Bd. 1 (Anm. 41), Art. 7 Rnr. 34ff; *Jörg Detlef Kühne*, in: Geller/Kleinrahm, Die Verfassung des Landes Nordrhein-Westfalen, Loseblatt, Art. 8 Anm. 4 b mit Hinweisen zur Gegenansicht.

[98] *Friedhelm Hufen*, Aufgabenentzug durch Aufgabenüberlastung, in: 50 Jahre Städtetag Rheinland-Pfalz, hg. von Christian Wolff und Gunnar Schwarting, 1997, S. 149ff.

versicherungen, deren Ausfall von kommunaler Seite bei der Sozialhilfe kompensiert werden mußte.[99] Es ist deshalb verständlich, daß in der Wissenschaft wie von kommunalpolitischer Seite die Forderung erhoben worden ist, das Konnexitätsprinzip generell einzuführen.[100] Danach hätte der Staat den Kommunen die in Ausführung der von ihm erlassenen Gesetze entstehenden Kosten zu erstatten. Zur Eindämmung staatlicher Großzügigkeit auf fremde Kosten ist das sicher ein probates Mittel. Es gibt allerdings auch Gesichtspunkte, die daran zweifeln lassen, ob das Konnexitätsprinzip als generelle Lösung ganz unproblematisch ist.

Unbestritten bestimmt nicht allein der Gesetzgeber, was der Vollzug eines Gesetzes kostet. Als ich während der Referendarzeit meine Verwaltungsstation in einer münsterländischen Kreisverwaltung verbrachte, hieß es dort, dem örtlichen Abgeordneten sei es gelungen, durch ein im Bundestagswahlkampf in den Bauernschaften verteiltes Flugblatt die Ausgaben des Kreises für damals im Rahmen der Sozialhilfe gewährte Ausbildungshilfe in eine Höhe zu treiben, die über der des gesamten Regierungsbezirkes Köln lag. Gerade die Sozialhilfe wird in der gegenwärtigen Diskussion gern als Beispiel für die enge Bindung der Verwaltung an die gesetzgeberischen Vorgaben angeführt. Dabei ist eher selten davon die Rede, daß die Sozialhilfe beim Zugriff auf vorrangig Verpflichtete auch eine Einnahmeseite hat. Der vor einiger Zeit in Nordrhein-Westfalen unternommene Versuch, hier zwischen einzelnen Kommunen zu vergleichen, zeigte immerhin, daß es erhebliche Unterschiede gibt, er scheiterte aber letztlich daran, daß es nicht einmal eine einheitliche Verbuchungspraxis und damit keine ausreichenden statistischen Grundlagen gab. Man muß annehmen, daß sich um diese finanziell durchaus nicht unwichtige Seite der Medaille Sozialhilfe drei Jahrzehnte lang niemand vergleichend gekümmert hat. Die Abgrenzung des Verursachungsanteils von Gesetzgeber und vollziehender Verwaltung wird dort noch komplizierter, wo mehrere Ver-

[99] Zur Entwicklung der Sozialhilfeausgaben etwa *Rehm* (Anm. 63), S. 129; *Schoch/Wieland* (Anm. 5), S. 34ff.

[100] Etwa *Herbert Schmalstieg*, in: „Wer bestellt, muss bezahlen", Die Woche v. 4.7.1997; *Hill* (Anm. 71), S. 347f.

waltungen beteiligt sind, wie das etwa im Bereich der Hilfe zur Pflege der Fall ist. Dort werden die Ausgaben der Sozialhilfe ja auch durch die Praxis der die Pflegeversicherung verwaltenden Krankenkassen bestimmt.

Diese Schwierigkeiten mögen durch Durchschnittsbildung und im Wege des politischen Kompromisses überwindbar sein. Es liegt aber auf der Hand, daß der Staat sich unter der Geltung eines strengen Konnexitätsprinzips durch die Finanzminister, aber auch durch die Parlamente sehr viel intensiver für die Verwaltungspraxis in den Kommunen interessieren müßte. Wenigstens einen Teil der erhofften Spielräume würden die Kommunen durch strengere Kontrollen wieder einbüßen.[101]

Wichtiger noch erscheint mir ein anderer Einwand. Er betrifft die Flexibilität und Dynamik des Gesamtsystems. Die Form der Dezentralisierung, wie wir sie in Deutschland im Verhältnis Bund und Länder wie Länder und Kommunen praktizieren, setzt voraus, daß nicht die Einzelbelastung ausgeglichen wird, sondern daß jeder genug haben muß, um seinen Platz ausfüllen zu können. Grundsätzlich kann deshalb jeder davon ausgehen, daß alle in der Lage sind, neue Belastungen in gewissem Umfang selbst aufzufangen, eintretende Entlastungen[102] sinnvoll zu verwenden. Zusammen mit unserem Bundesratssystem birgt ein strenges Konnexitätsprinzip die Gefahr, daß sich die Notwendigkeit für Kompensationsgeschäfte auf ganz breite Bereiche der Bundesgesetzgebung ausweitet und das Gesamtsystem weiter an Flexibilität verliert. Das spricht nicht gegen Finanzierungsanteile des Bundes in bestimmten Fällen. Für vorzugswürdig halte ich eine deutliche Lockerung der gesetzlichen Vorgaben für die Gewährung der Sozialhilfe. Wenn sie nicht möglich oder nicht durchsetzbar ist, erscheint mir die Einführung einer spürbaren Interessenquote des Bundes hier sinnvoll.[103]

[101] *Nath* (Anm. 64), S. 66f.
[102] Auf Entlastungen der Kommunen weist *Nath* (Anm. 64), S. 64f. hin.
[103] Skeptisch: *Nath* (Anm. 64), S. 68; *Werner Heun*, Die Zusammenführung der Aufgaben- und Ausgabenverantwortung von Bund, Ländern und Gemeinden als Aufgabe einer Reform der Finanzverfassung - Probleme und Risiken, DVBl. 1996, 1020 (1024f.).

5. Fazit

Nach dem Gesagten fällt das Fazit nicht schwer: Das politische Konzept „Kommunale Selbstverwaltung“ hat sich in der Vergangenheit bewährt, und alles spricht dafür, daß sich daran auch in der Zukunft nichts ändert. Selbstverständlich gibt es auch heute Problembereiche und Anpassungsbedarf. Die Grundlagen sind aber nicht in Frage gestellt; das Fundament ist sicher.

Diskussion

Laux

Wir beginnen unsere Diskussion mit einem zusätzlichen Beitrag von Professor Siedentopf. Herr Siedentopf ist Präsidiumsmitglied der Freiherr-vom-Stein-Gesellschaft; das ist natürlich seine wichtigste Funktion. Nebenbei tut er noch etwas anderes: Er ist Inhaber des Lehrstuhls für Vergleichende Verwaltungswissenschaft und Öffentliches Recht an der Deutschen Hochschule für Verwaltungswissenschaften in Speyer und gilt als einer der besten Kenner der Verwaltungskulturen des Auslandes sowie ihrer Verwaltungsorganisation - in Sonderheit für das Gebiet der Europäischen Union. Seine Erfahrungen aus verwaltungswissenschaftlichen Arbeiten versetzen ihn in die Lage, uns kurz und konzentriert zu denjenigen Dingen etwas zu sagen, die ich vorhin angeschnitten habe: Was kommt nun an Veränderungen aus dem Bereich der EU auf die deutsche Selbstverwaltung zu, kommt überhaupt etwas oder geschieht das sozusagen von ganz alleine, weil wir mit unserem etwas komplizierten System den Anschluß an die anderen verlieren?

Siedentopf

Die kommunale Selbstverwaltung ist in der deutschen Geschichte und nach dem Grundgesetz ein wesentliches Element der demokratischen Ordnung dieses Landes. Die Gemeinden und die Kreise teilen mit dem Bund und den Ländern die unmittelbare demokratische Legitimation. Diese Einheitlichkeit der demokratischen Legitimationsgrundlage begründet die besondere Stellung der kommunalen Gebietskörperschaften im Aufbau des Staates nach dem Grundgesetz - besonders im Vergleich mit Einheiten sonstiger Selbstverwaltung, besonders auch im Vergleich mit den Gebietskörperschaften in anderen europäischen Ländern. Zwischen dieser unmittelbaren demokratischen Legitimation und dem Zuschnitt der gebietskörperschaftlichen Aufgaben besteht ein zwingender Zusammenhang, der in der kommunalen Selbstverwaltungsgarantie des Grundgesetzes und der Länderverfassungen festgeschrieben und in der Rechtsprechung des Bundesverfassungsgerichts wiederholt bestätigt und verstärkt worden ist.

Deshalb irritiert mich in dem Referat von Herrn Oebbecke die Behauptung einer „Etatisierung der kommunalen Selbstverwaltung durch die Verfassung". Dies erinnert mich stark an die Diskussion zum „funktionalen Verständnis der kommunalen Selbstverwaltung" in den 70er Jahren, durch das die Selbstverwaltung in die staatliche Verwaltung eingegliedert und dieser funktional verfügbar, d.h. nach administrativen Kriterien organisierbar gemacht werden sollte. Mit der Rastede-Entscheidung hat das Bundesverfassungsgericht nicht nur den Schutz des Kernbereichs kommunaler Selbstverwaltung bestätigt; es hat darüber hinaus dem Gesetzgeber aufgegeben, das Prinzip dezentraler Aufgabenansiedlung und -zuweisung zu beachten, das die Vermutung der kommunalen gegenüber der staatlichen Zuständigkeit enthält und dem Gedanken des Selbstbestimmungsrechts des Gemeindebürgers wieder erhöhte Geltung verschafft - es ist mehr als eine kurze Überlegung wert, inwieweit die kommunale Selbstverwaltung mit der Ersetzung des Bürgers durch den Kunden in der derzeitigen Modernisierungsdebatte nicht gerade diese demokratische Legitimation und das Selbstbestimmungsrecht infrage stellt.

Nicht nur Art. 28 GG enthält eine kommunale Selbstverwaltungsgarantie - auch die Länderverfassungen, insbesondere die der östlichen, neuen Länder enthalten solche Garantien und Leitlinien für die Aufgabenzuweisung und -wahrnehmung, Leitlinien von beeindruckender Modernität. Leider werden sie selbst von den Kommunen dieser Länder oft nicht nachdrücklich genug in die öffentliche Debatte eingeführt. Die Verfassung des Freistaates Sachsen vom 27. Mai 1992 enthält einen ganzen Abschnitt über „Die Verwaltung" (Art. 82-92), in dem ganz wesentliche Vorgaben für den Aufbau der Verwaltung enthalten sind: Nach Art. 83 Abs. 1 *sind* „Aufgaben, die von den nachgeordneten Verwaltungsbehörden zuverlässig und zweckmäßig erfüllt werden können, ... diesen zuzuweisen"; nach Art. 84 Abs. 1 sind die Gemeinden „in ihrem Gebiet die Träger der öffentlichen Aufgaben, soweit nicht bestimmte Aufgaben im öffentlichen Interesse durch Gesetz anderen Stellen übertragen sind"; nach Art. 85 Abs. 1 *sollen* den kommunalen Trägern der Selbstverwaltung Aufgaben übertragen werden, „wenn sie von ihnen zuverlässig und zweckmäßig erfüllt werden können". Fügt man zu diesen erstaunlich modernen Leitlinien der Verfassung für eine Funktionalreform noch das strikte Konnexitätsprinzip als kommunale Finanzgarantie neben dem kommunalen Finanzausgleich hinzu, so sollte die kommunale Selbstverwaltung - nicht nur im Freistaat Sachsen - über eine stabile Verteidigungslinie verfügen.

Die kommunale Selbstverwaltung in unserem Land ist nicht nur in den Verfassungen konstituiert, sie hat sich auch in der täglichen Praxis und in schwierigen Situationen des Umbruchs als stabiles Fundament des staatlichen Wiederaufbaus bewährt. Dies gilt für die Zeit unmittelbar nach den beiden Weltkriegen ebenso wie für die Zeit nach dem Zusammenbruch der DDR. Die prinzipielle Verfassungsgarantie und die praktische Bewährung in Umbruchsituationen haben weder früher noch heute verhindert, daß der Handlungs- und Gestaltungsspielraum der Kommunen durch Rechtsvorschriften bis in die Einzelheiten determiniert wurde, daß der Kommunalhaushalt durch die Übertragung von Pflichtaufgaben weitgehend gebunden und daß die Finanzierung neuer und zusätzlicher Aufgaben nicht ausreichend gesichert wurde. Gleichzeitig werden den Bürgern in Gestalt von vielfältigen Beteiligungsformen scheinbar neue und wirksame Möglichkeiten der Einflußnahme eingeräumt. Gegenüber früher ist heute die Diskrepanz zwischen Beteiligungsanspruch und Leistungserwartung der Bürger einerseits und Handlungs- oder Gestaltungsraum der kommunalen Selbstverwaltung eher noch größer geworden.

Wie man am Beispiel von Nordrhein-Westfalen und später Niedersachsen gut nachvollziehen kann, sind neue Formen der Kommunalverfassung, z.B. von der Doppelköpfigkeit zur Eingleisigkeit der Verwaltungsspitze oder Formen direkter Bürgerbeteiligung, einschließlich der Direktwahl der Verwaltungsspitze, aus der politischen Opposition kurzfristig angestoßen und dann - um den Eindruck der politischen Rückständigkeit zu vermeiden - von der Regierungsmehrheit übernommen worden. Der letztliche Ertrag dieser kommunalverfassungsrechtlichen Veränderungen wird erst nach einigen Jahren feststellbar sein - zumal die Bürger sich in die neuen Instrumente erst noch hineinfinden müssen. Bis heute wird man sich mit dem eher distanzierten Kommentar des scheidenden

Vorsitzenden des Landkreistages Nordrhein-Westfalen vom Juni 1997 begnügen müssen: „Die Selbstverwaltungskraft der Kreise ist so groß, daß auch der jetzt anstehende Systemwechsel seine Bewährungsprobe bestehen wird."

Dies mag zunächst für die erwähnte Reform der Kommunalverfassung gelten. Mir erscheint aber sehr fraglich, ob diese distanzierte Selbstgewißheit auch für die Binnenmodernisierung der Kommunalverwaltung gelten kann, die seit einigen Jahren und nicht ohne Einfluß und Auswirkung die Gemeinden, Städte und Kreise tatsächlich verändert. Zwar wurde heute in den beiden vorhergehenden Referaten von Herrn Ellwein und Herrn Oebbecke bezweifelt, daß diese Instrumente und Verfahren wirklich als neu oder gar als revolutionär bezeichnet werden können. Zumindest die Begrifflichkeit dieser Konzepte ist neu, wenn sie in der eindrucksvollen ökonomischen Rhetorik einer Binnenökonomisierung der öffentlichen Verwaltung daherkommt: als lean management, Qualitätsmanagement, Budgetierung, Doppik, outsourcing, contracting out, Beteiligungsmanagement und public private partnership. Mehr als diese angelsächsische Begrifflichkeit wundert den Beobachter die Schnelligkeit, mit der die administrativen und politischen Führungskräfte der deutschen Kommunalverwaltung diese Sprache bereits verinnerlicht haben. Kritische Beobachter sehen auf dem Feld der öffentlichen Verwaltung einen Kulturkampf zwischen den traditionell juristisch geprägten Verwaltungsbediensteten kontinentaleuropäischer Prägung einerseits und den anglophonen Verwaltungsmanagern betriebswirtschaftlicher Orientierung andererseits entbrennen.

Reformbereitschaft und Reformfähigkeit sind auf den Ebenen von Bund, Ländern und Gemeinden durchaus unterschiedlich ausgeprägt - von unten nach oben abnehmend und mit geringer werdendem Umsetzungsstand. An dieser Bestandsaufnahme ändert auch der Bericht des Sachverständigenrates „Schlanker Staat" mit seinen zahlreichen, flächendeckenden Empfehlungen nichts - eine erschöpfende Kompilation von Vorarbeiten garantiert auch auf der Bundesebene noch nicht die Umsetzung dieser Vorschläge.

Die Kommunalverwaltung muß sich diesem Modernisierungsdruck stellen, sie muß die Vorschläge prüfen und erproben können. Der Druck der leeren Kassen, die zeitliche Nähe von Wahlen und die Leistungsansprüche der Bürger können dabei in die Irre führen, etwa zu einer Ausdehnung der wirtschaftlichen Betätigung der Kommunen, einer organisatorischen Ausgliederung von kommunalen Funktionen mit allen Steuerungs- und Interessenproblemen. Zweifellos muß ein Kostenbewußtsein in der öffentlichen Verwaltung begründet und entwickelt werden. Gerade in der kommunalen Selbstverwaltung stehen neben den ökonomischen Kriterien der Kosten-Nutzen-Rechnung aber auch kommunalpolitische Kriterien der Selbstverantwortung und Selbstgestaltung. Herr Oebbecke hat zu Recht auf die wichtigen, überdauernden Elemente der kommunalen Selbstverwaltung vewiesen: Bürgerschaftlichkeit, Eigenverantwortlichkeit und Allzuständigkeit.

Laux

Vielen Dank, Herr Siedentopf. Wir wollen uns anschließend das Referat von Herrn Zimmermann anhören. Ich sage einmal etwas spöttisch: Nach soviel Gelehrsamkeit kommt ein kommunaler Praktiker. Herr Zimmermann, von Hause aus Jurist, war Direktor eines städtischen Versorgungsbetriebes, Oberbürgermeister von Trier und ist seit längerem Hauptgeschäftsführer des Verbandes kommunaler Unternehmen (VKU). Warum wir ihn um einen Beitrag gebeten haben, liegt auf der Hand. Eine der Angriffsflächen von außen auf die Selbstverwaltung ist ihre wirtschaftliche Betätigung nicht nur durch Unternehmungen, sondern auch in den Formen unternehmensähnlicher Einrichtungen. Es ist daran zu erinnern, daß es sich hier um elementare Bestandteile des Gesamtkonzepts kommunaler Selbstverwaltung handelt. Peter Eichhorn hat darauf hingewiesen, daß wir im Hinblick auf die verschiedenen Aufgabenbereiche in den Kommunen drei fundamentale Bereiche unterscheiden können: die selbstgewählten Aufgaben, die gesetzten Aufgaben und die wirtschaftlichen Aufgaben. Diese dritte Säule ist manchmal zu wenig beachtet worden. Ausgerechnet hier will man jetzt manches aushebeln. Es stellt sich also die Frage, welche Konsequenzen es eigentlich hat, wenn die wirtschaftlichen Aufgaben durch Privatisierung und ähnliche Strategien weitgehend wegfallen. Herr Zimmermann, darf ich bitten.

Zimmermann

Mit der Öffnung des Europäischen Marktes für elektrische Energie und der wohl noch in diesem Jahr zu erwartenden EU-Gasrichtlinie ist die Liberalisierung der europäischen Energiemärkte beschlossen. Im deutschen Bundestag wird seit einem halben Jahr eine Reform des deutschen Energiewirtschaftsrechts und des einschlägigen Kartellrechts diskutiert. Wesentliche Zielrichtung der Reform ist es, die ausschließlichen Wegerechte der Kommunen abzuschaffen und damit Wettbewerb zu eröffnen. So sollen die Energiepreise gesenkt und die EU-Richtlinie in das deutsche Rechtssystem überführt werden. Vor diesem Hintergrund soll der Frage nachgegangen werden, ob die Struktur der Stadtwerke, die seit über hundert Jahren die Versorgungsaufgabe wahrgenommen haben, gefährdet ist und ob es sich überhaupt lohnt, diese Struktur zu verteidigen.

Stadtwerke als die wirtschaftlichen und technischen Dienstleistungszentren der Städte sind gefährdet:

1. durch die Finanznot ihrer Eigner - um Haushaltslöcher zu stopfen, werden die Aktien oder die Gesellschaftsanteile verkauft, wie gerade im Fall BEWAG Berlin;
2. durch die Einführung des Wettbewerbs - Stadtwerke verlieren möglicherweise an Ertragskraft, es kommt zu Konzentrationen.

Der Anteilsverkauf wirft die Frage auf, ob ein solcher Verkauf unter rein monetären Gesichtspunkten werthaltig ist? Dazu zunächst eine allgemeine Betrachtung: Warum kaufen sich in- und ausländische Konzerne in Versorgungsbetriebe ein? Neben der Nutzung von Synergieeffekten durch Konzentration auf größere Einheiten steht vor allem die nachhaltige Ertragserwartung im Vordergrund. Es geht hier nicht um eine angemessene Reproduktion des eingesetzten Kapitals, sondern um eine Rendite, welche weit über der Kapitalverzinsung liegt. Warum also sollte der Eigner auf diese Rendite verzichten? Doch nur, weil er davon ausgeht, daß sein eigenes Management nicht in der Lage ist, diese Rendite zu erzielen. Zugegeben, öffentliche Strukturen sind unbequemer zu handhaben; die Entscheidungabläufe im Geflecht der Kommunalpolitik sind schwerfälliger und damit per definitionem nicht auf

„shareholder value" ausgelegt. In einer Expertise haben wir den Fall des Verkaufs aller Aktien eines Stadtwerkebetriebs an einen Regionalversorger untersucht. Durch die Aufdeckung der stillen Reserven und damit ausgelöste Ertragssteuern verringert sich der Verkaufserlös beträchtlich. Das immer noch verbleibende Delta zwischen der Verzinsung des Verkaufsertrags und dem aktuell erzielten Unternehmensgewinn kann durch weitere Straffung und Rationalisierung schon kurzfristig aufgefüllt werden. Politische Diskussionen im Nachgang - wie im Fall Berlin - zeigen, daß solche Fragen offenbar nicht mit der notwendigen Intensität geprüft wurden. Zusätzlich eröffnet der Wettbewerb den Stadtwerken auf der Beschaffungsseite neue ertragreiche Perspektiven.

An dieser Stelle muß ein Blick auf die Gewinnverwendung geworfen werden. Im Gegensatz zum „shareholder value" fließen bei den Stadtwerken die Gewinne in die Erhaltung kommunalpolitisch notwendiger Strukturen. Der steuerliche Querverbund - erst in diesen Tagen wieder durch ein Schreiben des Bundesministers für Verkehr bestätigt - ermöglicht es, unter Vermeidung der Körperschaftssteuer den öffentlichen Personennahverkehr aufrechtzuerhalten, die öffentlichen Bäder und die Hafenbetriebe. Das Instrument des steuerlichen Querverbundes ist der privaten Wirtschaft in Deutschland nicht fremd: Verlust- und Gewinnabführungsverträge mit steuerlicher Wirkung sind das Korrelat zur kommunalen Gewinnverwendung. Soviel zur monetären Betrachtung.

Es scheint mir aber noch sehr viel mehr zu geben, was die vorhandene Struktur von Stadtwerken als notwendig erscheinen läßt, nämlich ihre Funktion als Dienstleistungskonzern einer Stadt: Artikel 28 II GG schützt die wirtschaftliche Betätigung der Gemeinden als Kernbereich ihrer Aktivitäten. Der Verfassungsartikel will die Dispositionsrechte der Gemeinde im Sinn der Daseinsvorsorge - oder moderner: des „service public" - nachhaltig stützen. Die Versorgung der Bürger mit ihren Grundbedürfnissen soll sich eben nicht am „shareholder value" anonymer Aktionäre ausrichten; vielmehr will die Verfassung die Gemeinschaft der Bürger - durch ihre gewählte Vertretung - über Art und Weise der Versorgung und die Preisgestaltung entscheiden lassen. Stadtwerke wurden ja vor über hundert Jahren gegründet, weil private - hauptsächlich britische Unternehmen - vom „shareholder value" unangemessen Gebrauch machten.

Die Städte brauchen nach wie vor ein wirtschaftliches Zentrum, um ihre Aufgaben zu erfüllen. Neben den tradierten Bereichen, also der Versorgung mit Strom, Gas, Fernwärme, Wasser und ÖPNV, entstehen neue Aufgaben und Notwendigkeiten. Die städtischen Ämter stehen vor der Aufgabe, die Entsorgung, vor allem die Abwasserentsorgung, nicht nur technisch, sondern vor allem wirtschaftlich zu bewältigen. Diese abfall- und abwasserwirtschaftlichen Probleme können durch die Verselbständigung der städtischen Ämter zu „profit centers" oder zu Eigenbetrieben gelöst werden. Besser ist es jedoch, das technisch-wirtschaftliche Dienstleistungszentrum der Stadt mit seinem Know-how und seinem eingerichteten kaufmännischen Rechnungswesen für diese Dienstleistungen zu beanspruchen. Vielfältig sind die Verflechtungen zwischen vitalen städtischen Interessen und ihren Werken. Ein Beispiel: Um die Masse der Pendlerströme zu verringern, werden die Stadtwerke beauftragt, die Umlandkonzessionen zu erwerben, in Zusammenarbeit mit den Umlandgemeinden neue bedarfsgerechte Linienkonzepte und Taktzeiten mit dem Ziel eines hohen Nutzungsgrades zu entwickeln. Ein weiteres Ziel ist die Steuerung des ruhenden Verkehrs über Verkehrsleitsysteme und deren Optimierung. Im konkreten Fall hat die Stadt Trier die Stadtwerke von zusätzlichen Verlusten freigestellt.

Auf den Leib geschnitten sind dem Dienstleistungszentrum ‚Stadtwerke' die Müllverbrennung und die Auswertung dieses Rohstoffs in optimierten Wärme- und Stromgewinnungssystemen. Zu Recht empfinden sich die Städte als verantwortlich für die Optimierung umweltfreundlicher Systeme. In den Ballungsgebieten verlangen die Bürger alle Anstrengungen auf diesem Gebiet. Damit ergibt sich für die Stadtwerke nach wie vor die Aufgabe, beim Ausbau der Kraft-Wärme-Kopplung über Blockheizkraftwerke ökologische und ökonomische Zielsetzungen zu verfolgen. Im beginnenden Wettbewerb dürfte auch der Bau größerer, erdgasbetriebener Anlagen, zweckmäßig in interkommunaler Kooperation betrieben, ein richtiger Lösungsansatz sein. Diesen Weg verfolgen die Städte Mainz, Wiesbaden und Darmstadt mit dem Projekt eines erdgasbetriebenen 360-Megawatt-Kraftwerks.

Schließlich - aber ohne Anspruch auf Vollständigkeit - steht auch die Bewältigung der Anforderungen des Kommunikationszeitalters im Bereich der Telekommunikation unter Verwertung bereits bestehender Leitungs- und Steuerungssysteme an.

Wenn also dieses Netzwerk von ökonomischen Interessen und wirtschaftlich-ökologisch bedingten Notwendigkeiten seine Daseinsberechtigung hat - wird es nicht durch die Deregulierung der Märkte und die normative Kraft des Wettbewerbs verschwinden und der eingeleiteten Konzentration zum Opfer fallen? Um Mißverständnissen vorzubeugen: Die Stadtwerke und ihre Eigner stellen sich dem Wettbewerb. Sie verlangen aber gleiche Wettbewerbsbedingungen. Das Reformwerk des Bundeswirtschaftsministers geht an wichtigen Vorbedingungen vorbei:

1. Während „jedermann", also die etablierten Konzerne, unabhängige Produzenten, große Privatunternehmen oder Handelsketten mit ihren Filialisten, Wohnungsbauunternehmen oder Flugplatzgesellschaften, Wettbewerb eröffnen kann, sind die kommunalen Unternehmen durch langfristige Verträge mit Ausschließlichkeitsbindung an ihre Vorlieferanten gebunden. Sie können also nicht in den Wettbewerb eintreten. Dieses Problem in die Hände der Gerichte zu geben, ist problematisch und in jedem Fall zeitaufwendig. Wer hier zu spät kommt, kann im Wettbewerb schon verloren haben.
2. Durch eine Novellierung der Gemeindeordnung, wie in Rheinland-Pfalz beabsichtigt, will man mit der eindeutigen Prärogative für Private das Steuer herumreißen. Der Novellierungsentwurf ist offensichtlich verfassungswidrig (Art. 28 II GG).
3. Wenn man auf vordringenden Wettbewerb reagieren will, ist die Beschränkung der städtischen Werke auf Gemeindegrenzen anachronistisch. An eine Novellierung der Gemeindeordnungen ist in dieser Hinsicht aber nicht gedacht.
4. Ein Schutz vor dem „Rosinenpicken", also dem Herausbrechen großer Abnehmer aus dem Versorgungsfeld der Stadtwerke, gibt es nicht. Das Modell der EU-Richtlinie Strom, neben dem verhandelten Netzzugang einen Alleinabnehmer („single buyer") einzuführen, bewahrt für die Stadtwerke wenigstens die Kompetenz im Netzmanagement. Der Anweisung der Richtlinie folgend, kann der Alleinabnehmer nicht befristet gebunden werden. Er muß vielmehr unbefristet zur Verfügung stehen. Der Gemeinde ist ein Wahlrecht zwischen dem verhandelten Netzzugang und dem Alleinabnehmer einzuräumen.

5. Ökologische Systeme wie die Kraft-Wärme-Kopplung müssen, wie im deregulierten USA-Markt geschehen, vor „stranded investments“ geschützt werden, sei es durch das Recht, Durchleitungen zu versagen, sei es durch einen entsprechenden Rechnungsposten auf der Stromrechnung. Die letztere Möglichkeit schreibt die Aufwendungen zwar ab, läßt aber das ökologische System scheitern.
6. Und schließlich: Übergangsfristen sind bei einer so einschneidenden Reform nach dem Vorbild der EU-Richtlinie zwingend erforderlich.

Was werden die Stadtwerke in einem so umrissenen „fairen“ Wettbewerb tun?

1. Sie erweitern ihre mit dem Kerngeschäft verbundenen Aktivitäten im Sinne des „Stadt-Konzerns“ auf
   - das Geschäftsfeld der Entsorgung
   - die Telekommunikation
   - andere Gebiete wie Consulting, Finanzmanagement für alle städtischen „profit centers“.
2. Sie nehmen die neuen Gegebenheiten des Marktes an, mit Mitarbeitern, die vorbereitet sind, im nationalen und supranationalen Energiehandel Chancen wahrnehmen zu können. Ein neuer Typus des Energiehändlers, erfahren an Börsen, im Spot-Handel und im Umgang mit Brokern und Energiehändlern, muß in der Personalplanung schon jetzt aktiv aufgebaut werden.
3. Um Synergien zu heben und Marktmacht zu bilden, sind interkommunale Kooperationen angesagt - über kommunale Kirchtürme hinaus. Beispiele sind das Netzwerk Niedersachsen, die Kooperation Nürnberg, Erlangen und Fürth, die Kooperationen im Bergischen Land und im südhessischen Raum.
4. Alle Aktivitäten müssen so auf den Kunden ausgerichtet sein, daß die Bedürfnisse der Industrie, des mittelständischen Gewerbes und der Tarifkunden zielgenau erfaßt werden. Es geht nicht mehr darum, eine Ware sicher und preiswert zu verkaufen, sondern um Paketlösungen und Dienstleistungsangebote.

Fazit: Strom, Gas, Fernwärme und Wasser sicher und möglicherweise sogar preiswert zu liefern - das können die anderen Mitspieler im Markt sicherlich auch. Mein Beitrag sollte aufzeigen, daß Stadtwerke im Gefüge der Stadt als zentraler Dienstleister eine andere, nicht ersetzbare Qualität haben. Auch im Wettbewerb werden sie, um den monetären Aspekt in Erinnerung zu rufen, nachhaltige Erträge erwirtschaften. Bei steigendem Bedarf der Städte an wirtschaftlicher Expertise sind sie Dienstleister und Coach einer modernen, effizienten Verwaltung.

Laux

Vielen Dank, Herr Zimmermann. Wir haben noch eine reichliche Stunde, in der wir diskutieren können. Der Stoff ist natürlich immens. Ich möchte jetzt keine Anregungen geben, wie wir mögliche Komplexe ordnen könnten, sondern zunächst der Diskussion freien Lauf lassen, in der auch Fragen zum Verständnis zugelassen sind oder Sachbeiträge geleistet werden können. Eine Schwierigkeit dürfte es von vornherein geben: Entweder man stimmt einem Bild, das hier entworfen worden ist, zu - das werden viele tun können, aber daraus ergibt sich keine kontroverse Diskussion -, oder man unternimmt den Versuch, von einem mehr oder minder entgegengesetzten Standpunkt aus das Gesagte zu hinterfragen. Versuchen wir es mal. Ich bitte, sich kurz zu fassen.

Krell

Ich muß eine kleine Vorbemerkung machen. Ich glaube, meine Behörde steht - gerade was die Kommunalaufsicht angeht - im Ruf, die wirtschaftliche Betätigung der Kommunen großzügig zu begleiten. Gleichwohl möchte ich eine doch sehr deutliche Bemerkung zu dem abgeben, was Herr Zimmermann eben vorgetragen hat. Herr Zimmermann, ich frage mich, was die Vorstellung, die Sie hier entwickelt haben, noch mit kommunaler Selbstverwaltung zu tun hat. Sie haben das Bild von Stadtwerken entwickelt, die sich wirtschaftlich völlig frei betätigen, sich wohl der Konkurrenz stellen, aber nicht in gleicher Weise dem Risiko aussetzen. Sie unterwerfen sich nämlich keiner Haftungskontrolle, wie das privatwirtschaftlich organisierte Unternehmen tun; denn ihre Gewährträger sind nach wie vor die Kommunen, die irgendwann, wenn das alles schiefgeht, zur Kasse gebeten werden. Gleichzeitig berufen Sie sich aber, und das ist ja eine Ihrer Kernaussagen, auf die - ich will es mal so bezeichnen - Privilegien, die Sie als städtisches Unternehmen, als Stadtwerke genießen.

Ich glaube, daß der Hinweis auf den steuerlichen Querverbund, der ja auch durchaus im Interesse der Stadtwerke und der Kommunen liegt, zwar taktisch sehr geschickt ist, aber in der Sache nicht dazu führen kann, daß die Stadtwerke über ihre lokalen Grenzen hinaus in der von Ihnen geschilderten Form tätig werden. Gerade die lokale Begrenzung ist gedanklich eine der Hauptursachen für die kommunale Aufgabenwahrnehmung. Und wenn Sie diese Begrenzung abschaffen, haben Sie sich nach meinem Verständnis von der kommunalen Selbstverwaltung schon weit entfernt.

Held

Lassen Sie mich noch ergänzen, was Herr Krell gesagt hat, damit es auch ganz deutlich wird. Ich würde gerne ein paar Beispiele nennen. Sie haben gesagt, Herr Zimmermann, die Gemeindegrenze sei anachronistisch. Damit behaupten Sie, die kommunale Selbstverwaltung sei anachronistisch. Denn ein typisches Merkmal der Selbstverwaltung liegt darin, daß ihre Zuständigkeit auf das begrenzt ist, was wir Angelegenheit in örtlicher Gemeinschaft nennen; die Eigenständigkeit bleibt auf ein Gebiet begrenzt. Ich hätte ja auch überhaupt kein Problem mit diesem Thema, wenn sich die Städte untereinander abstimmen würden.

Es ist z.B. denkbar, daß sich die Gas-, Elektrizitäts- und Wassergesellschaften der Städte zu gemeinsamem Tun zusammenfinden. Oder - Sie nennen den Bereich Consulting. Gegen Consulting hätte ich auch nichts einzuwenden, wenn es auf die Nachbarschaft oder die Bundesrepublik beschränkt bliebe; aber die Mannheimer consulten in Warschau, und von Beteiligungen an Gesellschaften in Tschechien will ich jetzt gar nicht im einzelnen sprechen. Der öffentliche Zweck für diese Beteiligungen muß allerdings hinterfragt werden.

Ich habe kein Problem damit, daß die kommunale Wirtschaft auch darauf aus ist, Geld zu verdienen. Nur wenn wir das alles wollen, dann müssen wir eine politisch andere Weichenstellung vornehmen. Mir kommt es nicht darauf an, daß wir etwas verhindern oder als absolut unzulässig ansehen, sondern darauf, daß wir uns heute fragen, ob das die Entwicklung für die nächsten Jahre sein kann. Und wenn wir meinen, die kommunale Selbstverwaltung brauche sich an diese Zuständigkeiten und an Grenzziehungen nicht zu halten, dann wollen wir die kommunale Selbstverwaltung umgestalten und müssen entsprechende Regelungen treffen. Da könnten Sie mich durchaus auf Ihrer Seite haben. Aber dazu müßte erst einmal versucht werden, einen Diskussionsprozeß in Gang zu setzen, so wie das Herr Krell freundlicherweise getan hat.

Zimmermann

Ich wäre völlig mißverstanden worden, wenn Sie den Eindruck hätten, als würde ich die Stadtwerke, die Wirtschaftsbetriebe der Stadt, nun in einem freien Raum sehen. Im Gegenteil, mein Appell an unsere Vorstände, Geschäftsführer und Werkleiter geht dahin, sich in gar keinem Falle von der Stadt zu lösen. Es gibt Stimmen, die sagen, daß sich die städtischen Wirtschaftsunternehmen vor allem an ökonomischen Zielen orientieren und wie jedes andere Wirtschaftsobjekt operieren sollten. Der Meinung bin ich nicht. Denn die Stärke dieser Betriebe - das habe ich versucht darzulegen - besteht in dem konzertierten lokalen Geflecht, unter Beachtung städtischer Prärogativen. Da gibt es für mich überhaupt keinen Zweifel. Ich habe in meinem Referat gesagt, ein anderer Anbieter kann möglicherweise preiswerter sein - es ist aber die Frage, wie lange. Und sind da vielleicht nur die attraktiven Dinge wie elektrische Energie, Gas, Fernwärme und Wasser von Interesse, nicht aber der ÖPNV, um den sich dann keiner kümmern will? Unser besonderes Leistungsangebot liegt ja in der Beachtung der Dinge, die der Eigner uns vorgibt.

Meine Damen und Herren, unsere Unternehmen stehen heute bereits im Wettbewerb, und wenn der Bundestag jetzt auf Grund des Gruppenantrages der Koalitionsfraktionen in irgendeiner Form einen Ordnungsrahmen vorgeben sollte, dann wird der ausländische Markt, der nur darauf gewartet hat, in die Bundesrepublik hineinzugehen, loslegen. Das bedeutet: Schon wenn man allein das Instrument der wirtschaftlichen Betätigung der Städte aufrechterhalten will, muß man „Waffengleichheit“ herstellen. Wie sollen unsere Stadtwerke denn mit dem unglaublichen Kapital der inländischen Konzerne konkurrieren, welche sich aus ihren Erträgen Industriekomplexe gekauft haben, die vom Kerngeschäft vollkommen losgelöst sind. Wie sollen sie sich gegen aggressive US-amerikanische Anbieter verteidigen, wenn nicht mit gleichen Waffen? Dieser Wettbewerb kann sich nicht mehr innerhalb der Gemeindegrenzen abspielen; das ist ja auch die Auffassung des Bundeswirtschaftsministers, und er hat das öfter in unseren Gesprächen wiederholt, weil es für ihn eine wohlfeile Aussage ist, die wirtschaftliche Betätigung der Gemeinden müsse unter dem Signum des Wettbewerbs über die Gemeindegrenzen hinausgehen. Und das geschieht ja auch bereits. Schauen Sie sich die Engagements an, die unsere Stadtwerke in Ostdeutschland getätigt haben und die jeweils unter der ausdrücklichen Duldung der Regierungspräsidien und der Landesregierungen stattfanden.

Ich habe kürzlich ein Schiedsverfahren durchzuführen gehabt zwischen einer west- und einer ostdeutschen Stadt, bei dem letztere Aktien aus einer Überkreuzbeteiligung zurückhaben wollte. Dabei ging es vor allem um den Wert. Ja meine Güte, da sind Beteiligungen „zum Wohle der Entwicklung der Städte und Gemeinden in Ostdeutschland“ in einem unglaublichen Umfang eingegangen worden. Man hat seinerzeit zwischen den Fingern hindurchgeguckt, weil der große politische Zweck, nämlich die Einheit Deutschlands, hier alles gedeckt hat. Aber das Prinzip wurde damit bereits verlassen.

Das gilt auch für den Bereich der Telekommunikation. Viele nordrhein-westfälische Städte und Gemeinden haben die stillschweigende, subkutane Erlaubnis erhalten, auf dem Gebiet der Telekommunikation weit über die Stadtgrenzen hinauszugehen. Meine sehr verehrten Damen und Herren, Sie erscheinen mir hier als Hüter eines tradierten Rechtsbegriffs, der auf die Wirklichkeit von Wettbewerb schon lange nicht mehr zutrifft. Was glauben Sie, was es heißt, in einer Wettbewerbswelt zu leben. Wenn Sie wollen, daß die Stadtwerke als wirtschaftliche Zentren, als Gehilfen der Verwaltung weiter existieren, dann müssen Sie ihnen diese neuen Möglichkeiten geben.

Nun haben Sie noch den Bereich Consulting angesprochen. Warum sollen wir denn unser Kow-how in der Müllverbrennung, im

Anlagebau und anderem nicht an die Länder in Ostdeutschland verkaufen? Ich sehe dafür überhaupt keinen Hinderungsgrund. Warum sollen wir nicht die Möglichkeit nutzen, die Erlöse, die darin stekken, zu erwirtschaften, um den Gesamtorganismus zu stützen? Wollen Sie das in die Hände der Konzerne geben, die übrigens auf dem Feld der Blockheizkraftwerke und der Müllverbrennung noch gar nicht über die nötige Erfahrung verfügen? Hier können wir mit einem Pfund wuchern. Wenn wir in der Bundesrepublik nicht lernen, daß wir unser Know-how verkaufen müssen, und statt dessen mit Rücksicht auf Kirchturmgrenzen vor uns hindümpeln, dann wird es nichts mehr mit einem Aufschwung in der Bundesrepublik.

Lassen Sie mich noch eines sagen. Felten & Guilleaume ist ein wunderbares Beispiel. Hier haben Sie die Reflexwirkungen zwischen den Stadtwerken, den Wirtschaftsbetrieben und der Stadt. Es war eine Maxime des „shareholders", nämlich der Stadt, zu sagen, liebe Stadtwerke, beteiligt Euch. Und als Felten & Guilleaume in eine Schieflage geriet, die zunächst einmal gar nichts mit diesem Kartell zu tun hatte, sondern auf andere wirtschaftliche Entwicklungen zurückzuführen war, da waren die Stadtwerke aufgerufen, mit Grundstückskäufen und allen möglichen Dingen zu helfen. Das alles ist nicht unkeusch, sondern resultiert aus der Bindung an den Eigner, die ich nicht in Frage stelle. Nur sollte man die Dinge nicht vermischen.

Und schließlich haben Sie die horizontale Beteiligung angesprochen. Ich habe sie ja gerade in meinem Referat propagiert. Horizontale Zusammenschlüsse, das waren früher Zweckverbände, die - wie wir wissen - schwer zu handhaben sind. Es wären heute eher gesellschaftsrechtliche Beteiligungen denkbar, die Werbung betreiben, die Stärke und Marktmacht geben. Die Synergien, die in dem Zusammenschluß Nürnberg-Fürth-Erlangen enthalten sind, machen etwa 100 Millionen DM aus. Solche Synergien müssen wir heben, sonst können wir in einem gnadenlosen Preiswettbewerb nicht bestehen.

Laux

Diese Thematik möchte ich in eine Grundfrage einmünden lassen. Ist es wirklich so, daß eine Kommunalverwaltung oder eine Kommune traditionellen Typs, die insgesamt gesehen eine beachtliche Versorgungsleistung erbracht hat, in der Zukunft nur noch ohne oder zumindest mit sehr eingeschränkter wirtschaftlicher Betätigung denkbar ist? Das wird zu diskutieren sein. Ich meine, daß man da erhebliche Freiräume offen lassen muß, damit sich die Selbstverwaltung in diesem etwas ruppigen Gelände überhaupt noch etablieren kann. Ich meine, daß wir ohne eine breit gefächerte wirtschaftliche Betätigung der Kommunen von den bisherigen Vorstellungen zur Selbstverwaltung Abschied nehmen müssen.

Schleberger

Ich möchte anknüpfen an die beiden Referate von heute morgen. Wenn ich das auf einen Grundtenor bringe, so habe ich das so verstanden, daß Herr Professor Ellwein gesagt hat, wenn das Prinzip der Subsidiarität beachtet wird, wenn Aufgabenabbau betrieben wird, wenn die Trennung der Aufgaben zwischen Staat und Kommunen wieder besser beachtet wird, dann ist an der Zukunftsfähigkeit der kommunalen Selbstverwaltung unseres Stils nicht zu zweifeln. Bei Herrn Professor Oebbecke klang das ja noch positiver. Danach hat sich das Gefüge alles in allem doch ganz ordentlich entwickelt. Ist das wirklich so? Ich möchte diese Frage nicht nur stellen, sondern auch an zwei Beispielen problematisieren.

Erstens: Wenn Ehrenamtlichkeit der Ratsarbeit in der Kommune aufgrund der Fülle der Aufgaben künftig nicht mehr möglich ist und andererseits die Politiker sich von vielen Einzelfragen, die durch Anfragen aus der Bevölkerung aufkommen, nicht fernhalten lassen, würde dann nicht künftig eine ganz andere Zusammensetzung der Räte die Folge sein, als wir sie bisher kennen? Das ist die eine Frage.

Die andere Frage ist die: Unabhängig von dem, was in der Debatte gerade hinsichtlich der wirtschaftlichen Betätigung der Kommunen zum Ausdruck kam, hat es sich nicht als Manko erwiesen, daß die Kommunen zu einer interkommunalen Zusammenarbeit, wie wir sie jetzt und künftig brauchen, nicht hinreichend im Stande sind? Ich verweise nur auf die Stadt-Umland-Problematik. Seit 1970 hat sich immer wieder gezeigt, daß diese Problematik mit unseren Mitteln nicht zu lösen ist. Zwischenzeitlich sind auf kommunaler Ebene viele Aufgaben hinzugekommen, nicht nur wirtschaftliche Aufgaben, die nur in der Zusammenarbeit von Kommunen vernünftig gelöst werden können. Und hierfür, ich wiederhole es, bieten das Gesetz über die interkommunale Zusammenarbeit oder das alte Zweckverbandsgesetz nicht ausreichende Instrumentarien.

Daraus ist wohl die Schlußfolgerung zu ziehen, daß die kommunale Selbstverwaltung, so wie wir sie kennen und schätzen, nicht darauf vorbereitet ist, die Anforderungen des kommenden Jahrhunderts zu bestehen.

Ellwein

Ich will mal ganz klein anfangen. Herr Held, mir ist ein wenig unbehaglich, wenn die Diskussion über interkommunale Zusammenarbeit, wie sie vorhin angefangen hat, nach dem Entweder-Oder-Prinzip geführt wird. Ich meine, wir haben seit Jahrzehnten, Jahrhunderten eigentlich, viele Beispiele für interkommunale Zusammenarbeit. Wir haben die Verwaltungsgemeinschaften, wir haben Abmachungen über einzelne Aufgaben - wir haben also ein reiches Reservoir von Möglichkeiten erprobt, und vieles davon hat eine so lange Tradition, daß man schon gar nicht mehr darüber spricht. Man sollte das Prinzip der kommunalen Grenzen nicht zu eng sehen; man muß es vielleicht lockerer handhaben als bisher, auch das tun wir.

Die gegenwärtige Rechtslage, die ja ein Problem ist, wird immer ein bißchen aus dem Auge verloren. Um mal ein „Wasserbeispiel“ zu nennen: Offenburg, eine Stadt mit 55.000 oder 56.000 Einwohnern, betreibt die Wasserversorgung und Entsorgung gemeinsam mit fünf oder sechs weiteren Gemeinden, die zusammen 14.000 Einwohner haben. Das ist auch völlig in Ordnung. Die beteiligten Kommunen haben eine anständige Konstruktion gefunden, bei der niemand vergewaltigt wird. Selbstverständlich ist der Oberbürgermeister von Offenburg auch Vorsitzender des entsprechenden Gremiums. Man trifft sich zweimal im Jahr, trinkt ein Gläschen Wein und macht die Verwaltung; das funktioniert hervorragend. Ich könnte Ihnen auf Anhieb, weil ich mich mit Wasser etwas beschäftige, dreißig, vierzig solcher Beispiele aus dem süddeutschen Raum nennen. Es ist wichtig zu sagen: im süddeutschen Raum; denn es waren ja die Landesregierungen in München und Stuttgart, die bis zuletzt gegen betriebliche Formen außerhalb des Eigenbetriebs gekämpft und eigentlich eher Barrieren aufgestellt haben. Wir haben da also einen lockeren Übergangsbereich, und man sollte das auch pflegen.

Ich will noch ein Stück weitergehen. Ich finde überhaupt nichts dabei, wenn zwei benachbarte Gemeinden ihren Hochbau oder Teile davon zusammenführen. Wenn sie sich darüber verständigen, dann sind das zwar kommunale Grenzfälle, aber das ist eine Frage von Abmachungen; wenn sie funktionieren, ist es gut, wenn nicht, dann wird man neue Abmachungen treffen müssen. Ich bin prinzipiell dafür, das sozusagen von unten, von den kleineren Beispielen her, anzugehen.

Und nun zu Herrn Zimmermann. Das erste Kernproblem betrifft die Grundversorgung. Meine Beispiele kommen im Zweifelsfall immer aus dem Wasserbereich: Die Grundversorgung muß natürlich weiterhin Sache der Gemeinden bleiben, und ich bin schon der Meinung, daß es sinnlos ist, Werke nur für die Wasserversorgung und die Abwasserentsorgung zu haben. Die anderen Versorgungsleistungen gehören aus vielen Gründen dazu. Da spielt der Kostenausgleich, den viele Kommunen doch in einer sehr vernünftigen Weise gepflegt haben, eine ganz wichtige Rolle. Jetzt unterliegen wir einem Privatisierungsdruck. Ich darf in aller Ruhe darauf hinweisen, daß - soweit empirische Untersuchungen vorliegen, und inzwischen liegen einige mehr vor als vor vier oder fünf Jahren - die privaten Lösungen - ich sage es ganz vorsichtig - unter den heutigen Bedingungen, also mit der Gewährleistung der Gemeinden, eher gefährdet sind als die öffentlichen Lösungen. Wir haben eine Menge von Beispielen in den neuen Bundesländern, wo im Grunde unter gleichen Bedingungen privat und öffentlich gearbeitet worden ist und beide Fehler gemacht haben. Aber die Fehler der Privaten sind fast durch die Bank größer und gravierender. Die großen Skandale beschränken sich auf den privaten Bereich. Es gibt nur eine einzige wirklich probate Lösung, und zwar in Rostock. Da hat eine große französische Gesellschaft einen Vertrag abgeschlossen, von dem inzwischen völlig klar ist, daß er so nie wieder abgeschlossen würde, aber sie hat es getan, um ins Geschäft zu kommen. Für Rostock war das eine sehr vorteilhafte Regelung. Ich bin mit Herrn Laux und anderen der Meinung, daß wir nicht darum herumkommen, die Stadtwerke, die wir schlicht und einfach brauchen, zu pflegen und Einbrüche zu verhindern. Ich meine, daß das auch etwas mit der Identität einer Stadt zu tun hat.

Damit bin ich bei Herrn Schleberger. Herr Schleberger, der unausgesprochene Unterschied zwischen den Ansätzen von Herrn Oebbecke und mir war doch der, daß ich eher sozialwissenschaftlich allgemein argumentiert habe. Damit habe ich auch mehr die gesellschaftlichen Bedingungen im Auge gehabt. Herr Oebbecke dagegen hat sich, und das ist sein Beruf und seine Profession, der Sache eher juristisch angenommen. Juristisch war die kommunale Selbstverwaltung im vorigen Jahrhundert eine verschwindende Größe. Gesellschaftlich war sie eine Macht. Das ist das Entscheidende; das war eben die Honoratiorendemokratie. Die reichen Leute und die Besitzbürger sind da hineingegangen, weil sie unter anderem handfeste Interessen hatten - und das waren nicht alles nur schlechte. Sie wollten natürlich eigene Steuerzahlungen vermeiden und sind deswegen lieber Munizipalsozialisten geworden. Aber es waren auch „gute“ Motive dabei; das wissen wir aus der Fülle von Spenden, der Errichtung von Stiftungen usw. Gesellschaftlich also war sie eine Macht. Jetzt haben wir es umgekehrt. Jetzt ist die kommunale Selbstverwaltung juristisch eine Macht.

Ich bin völlig mit Herrn Siedentopf einer Meinung: Die Kommunen sind eigene Gebietskörperschaften mit eigener Legitimation und vom Staat in gewisser Weise in Kooperation genommen. Aber das ändert nichts an der Eigenständigkeit der kommunalen Selbstverwaltung. Was ihr fehlt, ist der gesellschaftliche Background. Meine entscheidende Frage ist - Herr Schleberger, ich glaube, da stimmen wir überein -, ob die kommunale Selbstverwaltung nicht irgendwann witzlos ist, wenn der Staat mehr und mehr zentralisiert und Detailvorschriften erläßt. Warum soll ich denn als Bürger in die Ausschüsse gehen, wenn mir der Beamte sagt, dies ist vorgeschrieben und das ist vorgeschrieben und dazu kannst Du ja oder nein sagen. Denken Sie an die Schule, an bestimmte Maßnahmen des Ordnungsamtes oder an das Problem der Jugendkriminalität. Kaum ein Stadtrat beschäftigt sich damit, obwohl es weiß Gott schwierige Sachen sind - und das mit Recht, weil es ausschließlich um Gesetzesvollzug geht und die Entscheidungsmöglichkeiten relativ gering sind.

Dazu kommt noch ein anderes Problem: Wir wissen, daß es unter der Hand wahnsinnig viele Gestaltungsmöglichkeiten gibt. Wir dürfen gar nicht darüber reden oder es öffentlich machen, was z.B. der Leiter eines Ordnungsamtes in einer mittleren oder größeren Stadt unter der Hand so alles tut. Wir sind ja froh, daß er es macht, und wenn es funktioniert, ist alles gut, und wenn es nicht funktioniert, versucht man einen Teppich zu finden, unter den man es kehrt. Man kann aber nicht öffentlich darüber reden, wie der Mann mit seinen Prostituierten oder mit AIDS-Kranken umgeht, was er sich so alles in der Zusammenarbeit mit der Polizei einfallen läßt. Für den Bürger ist das schrecklich unbefriedigend. Wir haben keine Entscheidungsfelder mehr, auf denen wir wirklich mitwirken können.

Die alte, gesellschaftlich starke kommunale Selbstverwaltung hatte dagegen einen bestimmten Dreh. Ich, Bürger, habe mich für die Schule interessiert, also war ich in der Schuldeputation, ich mußte mich nicht mit dem Abwasser herumschlagen usw. Die Willensbildung war ausdifferenziert, sie hat funktioniert, weil sie gesellschaftlich von mehr Menschen als heute getragen wurde und die Entscheidungszentren immer rückgekoppelt waren. Die Oberbürgermeister waren natürlich in allen wesentlichen Deputationen vertreten. Darin liegt die eigentliche Veränderung. Deswegen meine Skepsis: Wir haben zwar noch Parteien, aber kein Volk mehr für die Parteien; wir haben auch noch eine kommunale Selbstverwaltung, aber zunehmend keine Bürger mehr, die sich dafür wirklich interessieren. Ich darf daran erinnern, daß wir inzwischen in den neuen Bundesländern mehr Mandate zu vergeben haben, als es Parteimitglieder gibt. Was bedeutet das eigentlich? Die wollen nicht mehr, die sind ausgetreten und treten auch in Zukunft aus. Dafür gibt es viele Gründe, nicht nur schlechte. Jedenfalls liegt es nicht nur am mangelnden Bürgersinn. Insofern glaube ich, das Konzept stimmt - nur wir haben im Moment nicht die Gesellschaft dafür. Das ist mein Ceterum censeo. Wir bekommen dieses Konzept nur wieder in Gang, wenn mehr Macht nach unten gegeben wird.

Oebbecke

Ich möchte noch einmal auf die Frage der Bedeutung kommunaler Grenzen eingehen. Wenn ich recht sehe, sind die Differenzen ja nicht so groß, wie sie jetzt teilweise aussehen. Es gibt wohl keinen Dissens, wenn das Überschreiten dieser Grenzen einvernehmlich geschieht, etwa bei den erwähnten Beispielen aus der Wasserversorgung. Diese Fälle sind ohne Zweifel zulässig. Da können sich sogar beliebig viele großflächig zusammentun, wenn es betriebswirtschaflich Sinn macht und eine größere Versorgungssicherheit erreicht werden kann. Dann gibt es einen zweiten Bereich, der bisher unstreitig zulässig war. Daß zum Beispiel die Stuttgarter ihr Wasser aus dem Bodensee holen oder daß die Münsteraner ein Schullandheim in der Eifel unterhalten, hat bisher noch nie jemand kritisiert. Man engagiert sich also zur Versorgung der eigenen Bevölkerung - privatrechtlich natürlich - auch weit außerhalb der eigenen Grenzen. Das gilt rechtlich als unproblematisch.

Es gibt aber zwei Fragestellungen, bei denen es kritisch wird. Das eine ist das Tätigwerden kommunaler Gesellschaften außerhalb ihres Bereichs ohne oder vielleicht auch gegen den Willen der betroffenen Kommune. Das spielt etwa im Bereich der Telekommunikation eine Rolle. Kann ich mich kommunalrechtlich gesehen über den Bereich meiner Kommune hinaus ausdehnen, wenn das dort vielleicht gar nicht gewollt ist? Weil die Rechte der Kommunen gleichwertig sind, kann es nicht sein, daß die eine die andere entrechtet. Einvernehmlich geht das, nicht einvernehmlich geht es eindeutig nicht. Da beißt die Maus keinen Faden ab.

Ein anderes Problem ist der Aspekt „Warschau und Südindien“ - oder unter welchen Überschriften das auch immer diskutiert wird. Es handelt sich hier meiner Ansicht nach um den Anfang einer Erscheinung, deren Ende wir gerade bei RWE erleben. Es werden neue kommunale Aufgaben gefunden, aber es werden auch Aufgaben abgegeben. Das geschieht aber nur ausnahmsweise bei den Kommunen - etwa weil man sagt, wir tun das nicht mehr, weil man es nicht mehr tun muß. Viel häufiger stellt sich heraus, daß das, was die Kommune bisher gemacht hat, jetzt auch andere anbieten, und es die Kommune nicht mehr für nötig hält, dieses Angebot aufrechtzuerhalten. Deshalb verkauft sie den Betrieb. Genau das geschieht jetzt mehr oder weniger bei RWE. Die Sonderrechte werden abgebaut und die Aktien - einige haben das schon getan - aus Haushaltsgründen abgegeben. Und das scheint mir auch bei den Stadtwerken hier und da der Fall zu sein.

Ich habe ja versucht aufzuzeigen, daß die Kommunen nicht die gleiche gesellschaftliche und wirtschaftliche Freiheit in Anspruch nehmen können wie eine private Gesellschaft. Wir sind in der Sache überhaupt nicht auseinander, Herr Siedentopf, auch wenn wir das terminologisch unterschiedlich ausdrücken. Ein privater Unternehmer, der Geld verdienen will, der kann all das tun, wovon hier die Rede gewesen ist. Die Kommunen können das nicht - auch wenn das vernünftige Dinge waren, die Sie gesagt haben, Herr Zimmermann. Bei dem rechtlichen Rahmen, den wir jetzt haben, wird das nicht durchzuhalten sein, weil der Staat nicht mehr so frei ist wie im 19. Jahrhundert. Es ist zwar richtig, was Sie über die Zweckmäßigkeit und Notwendigkeit von Konkurrenz gesagt haben. Aber unter den heutigen Bedingungen kann man das so nicht machen; es ist ja auch eine Frage der Legitimation. Wie kann sich die örtliche ehrenamtliche Betätigung im Hinblick auf das Engagement in Warschau legitimieren? Das wäre dann dieselbe Tätigkeit wie im Aufsichtsrat einer Aktiengesellschaft oder wie in einer GmbH, wo es nur um das Wirtschaftliche geht. Wir befinden uns da jedenfalls in einem Bereich, in dem die spezifische Legitimation kommunaler Selbstverwaltung, die eben auf den Ort bezogen ist, aufhört.

Ich will nun noch etwas zur Frage der Ehrenamtlichkeit sagen, weil das von Herrn Ellwein und Herrn Schleberger angesprochen worden ist. Ich weiß nicht, ob die Verhältnisse in den neuen Bundesländern so ganz typisch sind. Zum einen haben wir dort eine Gemeindestruktur, die in einer geradezu abenteuerlichen Weise Stellen in den Räten geschaffen hat - ohne daran zu denken, daß man diese besetzen muß. Wenn in den neuen Ländern eine Gemeindestruktur existieren würde, die in etwa der durchschnittlichen westdeutschen vergleichbar wäre, dann hätten wir diese Probleme ja gar nicht, weil wir gar nicht so viele Positionen zu besetzen hätten. Es kommt natürlich hinzu, daß bisher nicht die Zeit dafür vorhanden war, auch im Bereich der Parteien eine entsprechende Struktur aufzubauen. Wenn wir uns die gewachsene Situation im Westen ansehen, dann muß man doch sagen, in 90 Prozent der Gemeinden funktioniert die kommunale Selbstverwaltung noch immer ganz famos.

Es kann doch nicht die Rede davon sein, daß man niemanden mehr findet, der sich im öffentlichen Bereich engagiert, oder daß die Leute das nicht durchhalten. Es gibt allerdings ein Problem in den Großstädten, und zwar in einer Reihe von Städten. Je größer sie sind, um so wahrscheinlicher ist, daß dort diese Probleme bestehen. Selbst in diesen Städten finden sich aber Bürger für die Übernahme von Ämtern, die nicht dazu gezwungen werden, sondern das aus irgendwelchen Gründen immer noch freiwillig machen. Und ich würde behaupten, die Mehrzahl von ihnen macht es immer noch freiwillig, weil es in irgendeiner Form befriedigend für sie ist und nicht weil sie davon persönliche Vorteile hätten; die gibt es auch - wie überall. Es ist nicht so, daß der Bürger querdurch unter einem Versagen der Kommunen leiden würde. Davon kann gar nicht die Rede sein. Ich sehe, was das Problem der Ehrenamtlichkeit anbelangt, eher einen gewissen Aufklärungsbedarf. Wir wissen lediglich, daß sich alle schrecklich belastet vorkommen, aber wir wissen auch, daß es einem guten Teil der Aktiven immer noch irgendwie Spaß macht - vielleicht können sie auch einfach nur schlecht aufhören, wenn sie erst einmal angefangen haben.

Sauberzweig

Mich hat etwas alarmiert, was Herr Schleberger am Schluß gesagt hat. Er hat nämlich die Frage aufgeworfen, ob das, was uns an dieser kommunalen Selbstverwaltung wert, lieb und teuer ist, eigentlich für die Zukunft reicht, ob also die Tragfähigkeit für die Zukunft gegeben ist. Herr Ellwein hat festgestellt, das Konzept der kommunalen Selbstverwaltung sei noch tragfähig, aber es sei stark bedroht. Das Fazit von Herrn Oebbecke lautete: Das Konzept hat sich bewährt, aber es gibt Probleme und Anpassungsbedarf. Letzteres ist wichtig. Es ist möglicherweise nicht nur Anpassungsbedarf vorhanden, sondern ein radikaler Bedarf an Umdenken und neuem Denken. Das hängt mit drei Begriffen zusammen, die inzwischen in aller Munde sind und mit denen wir uns auseinandersetzen müssen: Ich meine die Begriffe „Globalisierung“, „Digitalisierung“ und „Vernetzung“.

Ich frage mich zum Beispiel, welche Bedeutung in der Zukunft noch der räumlich gebundene Ort der Stadt als der herkömmlichen Form einer räumlich erfahrenen Welt haben wird. Wenn ich mir das Ausmaß an Vernetzung und Digitalisierung ansehe und die Enträumlichung, die damit einhergeht, dann drängt sich die Frage auf, ob die Stadt ihre Zentralität verliert. Ich möchte das nicht kulturpessimistisch verstanden wissen, sondern nur als ein Problem vermitteln, vor dem die kommunale Selbstverwaltung und der Staat stehen - auch letzterer besitzt angesichts dieser weltweiten Entwicklung nur begrenzte Steuerungsmacht. Gesteuert wird - das ist meine persönliche Meinung - vor allem über die weltweite Wirtschaft und viel weniger über den Staat. Aber wie sieht das auf der lokalen Ebene, auf der Ebene der Kommunen aus? Oder anders gefragt: Welche substantiellen Entscheidungen fallen eigentlich noch auf dieser Ebene? Im allgemeinen sind die Kommunen diejenigen, die mit Entscheidungen umgehen müssen, die woanders getroffen wurden. Aber was können sie eigentlich selbst tun? Beim Nachdenken darüber ist eines zu berücksichtigen: Wir stehen vor dem doppelten Phänomen, daß wir es auf der einen Seite mit Globalisierung, auf der anderen mit zunehmender Regionalisierung zu tun haben. Beide Prozesse laufen gegenwärtig nebeneinander her. Da entsteht doch die Frage, ob die bisherigen kommunalen Einheiten den weltweiten Konkurrenzproblemen noch gewachsen sind oder ob nicht alle Möglichkeiten der Arbeitsteilung und des Zusammenschlusses in der Region vorangetrieben werden müssen. Es gibt nicht nur den Bedarf an interkommunaler Zusammenarbeit, sondern an neuen regionalen Ordnungen.

Bei diesen Überlegungen sollten wir allerdings das, was wir haben, was wir in der Erfahrung positiv erlebt haben, nicht leichthin beiseite werfen, weil eine Umbruchsituation kommt. Das wäre sicher falsch. Ein neues Denken und Handeln in der Region muß mit einem Nachdenken darüber verbunden werden, wie die kommunale Selbstverwaltung den Bürger stärker in den Mittelpunkt stellen kann. Wenn das nicht gelingt, auch gerade angesichts der Herausforderungen für die Menschen im sozialen und wirtschaftlichen Bereich, dann ist die kommunale Selbstverwaltung in der Tat in einer höchst schwierigen Situation, weil sie möglicherweise Handlungskompetenzen „nach oben“ abgeben müßte und zugleich ihre bürgerschaftliche Basis verlieren könnte.

Ich habe keine Patentlösung. Aber ich habe den Eindruck, daß man in dieser Richtung intensiver nachdenken muß, damit die neuen Herausforderungen nicht über uns hereinbrechen und wir auf diese Fragen zu wenig vorbereitet sind.

Laux

Darf ich selbst noch eine Überlegung einbringen? Unsere politische Auffassung von der kommunalen Selbstverwaltung ist ja eindeutig die, daß sie die dritte politische Ebene bildet. Das heißt, es wird vorausgesetzt, daß sich die Demokratie auf der lokalen Ebene praktisch nach den gleichen formalen Regelungen vollzieht wie im Staatsganzen. Aber da kommt zugleich die Frage auf: Stimmt das denn überhaupt noch? Ist es eigentlich nicht vielmehr so, daß die lokalen Gebilde teilweise viel stärker von zentralen politischen Kräften, z.B. von den Parteien, gesteuert werden? Sind die lokalen Parteigruppierungen überhaupt so selbständig, daß sie mehr bewirken können als einige Stellenbesetzungen? Oder dienen sie nur noch zur Rekrutierung von politischem Personal, das natürlich gebraucht wird? Ist nicht, um es ganz plump zu sagen, die Auskunft einer Parteizentrale für das lokale Handeln wichtiger als die unmittelbare bürgerschaftliche Überlegung? Hat sich also die politische Kraft der Selbstverwaltung unter der Verengung der kommunalen Handlungsspielräume zu stark erschöpft? Das bedeutet ja nicht, daß lokal nicht alle möglichen gesellschaftlichen Aktivitäten organisiert werden können und organisiert werden müssen. Aber warum muß das alles in das Konzept der kommunalen Selbstverwaltung hineingezwängt werden? Vielleicht kann Herr Oebbecke noch einmal etwas dazu sagen. Wir haben den Staat nach 1945 nach bestimmten Prinzipien organisiert. Eines dieser Prinzipien ist eigentlich selbstverwaltungsfremd, das ist die Einheitlichkeit, die zu einer großen Regelungsdichte geführt hat. Dahinter steckt natürlich noch etwas anderes, nämlich das Gleichheitsprinzip, das man bei uns - in demokratischen Formen - bis zum Exzeß zu realisieren versucht. Von ihrem Selbstverständnis her beruht die kommunale Selbstverwaltung aber eigentlich auf der Ungleichheit, nach der es die einen so machen, die anderen anders.

Jetzt sollen plötzlich große Vergleiche angestellt werden. Die Bertelsmann-Stiftung kann gar nicht genug Geld in diese Vergleiche hineinpumpen. Nachher kommt dann ein Ranking dabei heraus, dessen Wirkung auf mehr Einheitlichkeit und Gleichmäßigkeit zielt, sofern das nur juristisch durchsetzbar ist. Deshalb bekommen wir auch nicht die aktive Bürgerschaft, die wir letztlich haben wollen. Eine solche Bürgerschaft entsteht nur, wenn Gestaltungsräume vorhanden sind und die Kommune als Institution nicht alles in die politische Organisation hineinzieht, sondern kluge Zurückhaltung übt.

Held

Ich würde gerne noch einen Blick auf einen Bereich werfen, von dem ich glaube, daß er bisher ein bißchen zu kurz gekommen ist. Ich will das auch nur als Denkanstoß formulieren. Ich habe das Gefühl, daß bei den beiden Referaten sehr vieles zur Situation der kommunalen Selbstverwaltung sozusagen von außen diskutiert worden ist. Es gibt aber auch Beispiele, die Erosionserscheinungen der kommunalen Selbstverwaltung aufweisen, die von innen kommen und denen man noch ein bißchen mehr Aufmerksamkeit zuwenden könnte.

Herr Oebbecke hat das Beispiel der Entschädigungsverordnung genannt, nach der den Ratsmitgliedern nun überall Aufwandsentschädigungen zu bezahlen sind, und zwar losgelöst von der Entscheidung im Rat. Für diese Regelung gab es keinen Anstoß aus irgendeinem Ministerium; das ist nichts anderes als der Versuch der Kommunalpolitiker, sich die Entscheidung vor Ort ein wenig zu erleichtern, indem eine gesetzliche Regelung verabschiedet wurde. Nun könnte man sagen, das war eine einmalige Entgleisung und damit ist das auch erledigt. Aber so ist es leider nicht. Denn im selben Gesetz, nämlich in der Gemeindeordnung, steht auch, daß die Fraktionen ebenfalls einen Anspruch auf Finanzierung haben. Aufgrund dieses Anspruches auf Finanzierung liegt es also nicht mehr in der Disposition der Räte, ob sie etwas zahlen; sie müssen bezahlen - nur ist leider nirgendwo formuliert, wieviel sie denn bezahlen müssen. Und nun werden wir z.Zt. auch noch gedrängt, Richtlinien darüber festzulegen, wie hoch die Fraktionszuwendungen in den einzelnen Gemeinden ausfallen sollen. Das halte ich für eine Erosionserscheinung der kommunalen Selbstverwaltung von innen heraus.

Zu den neuen Organisationsformen: Man kann darüber nachdenken, und wir tun das sehr intensiv. Aber ich kann ihnen im Augenblick auch nicht sagen, ob neue Organisationsformen in privatrechtlicher oder öffentlich-rechtlicher Art, eigenbetriebsähnlich oder in der Form eines optimierten Eigenbetriebs der richtige Weg sind. Wenn ich vorher meinen Haushalt nicht ausgleichen konnte und jetzt ein Sondervermögen in einem eigenen Betrieb bilde, so daß ich plötzlich alles ausgleichen kann, dann geht die Transparenz des Haushalts verloren. Die Frage, ob ich diese Art der Sondervermögensbildung - in einem Vermögensbetrieb, einer Kultur-GmbH oder wie in Dortmund durch die Zusicherung der Verlustabdekkung im Gesellschaftsvertrag - noch als das begreifen kann, was wir bisher unter kommunaler Selbstverwaltung verstanden haben, ist natürlich berechtigt. Ich neige dazu, in diesen neuen Strukturen auch eine veränderte Organisation der kommunalen Selbstverwaltung zu sehen. Deshalb müssen Instrumente gefunden werden, durch die das Ganze irgendwie einer demokratisch definierten Verantwortung unterliegt - Herr Oebbecke hat ja schon von der Verantwortung der Bürgerschaft gesprochen. Ich glaube, da sind wir noch nicht up to date.

Mal ganz abgesehen von den Erwartungen an die Globalisierung, die Herr Sauberzweig angesprochen hat, will ich nur das Stichwort „Telearbeitsplätze“ nennen. Was bedeutet es denn, wenn sich im Sauerland die Arbeitsplätze befinden und in Duisburg nichts mehr? Die Konsequenzen dieser Entwicklung sind noch gar nicht bedacht worden. „Regionalisierung“, das war - völlig richtig - das Stichwort, mit dem seinerzeit die interkommunale Zusammenarbeit verbunden wurde. Das gibt mir die Möglichkeit, noch einmal aufzugreifen, was Herr Oebbecke hier in die Debatte eingeführt und dankenswerterweise gegenüber Herrn Ellwein klargestellt hat. Es geht nicht darum, daß interkommunale Zusammenarbeit nicht eine Form sein kann, in der Kommunen kooperieren - im Gegenteil. Ich teile die Auffassung von Herrn Schleberger, die dahin geht zu sagen, die Kommunen haben ihre Chancen auf diesem Gebiet noch gar nicht richtig erkannt und genutzt, aber sie werden darauf zurückkommen müssen. Immerhin ansatzweise versuchen die Ruhrgebietsgemeinden das zu diskutieren. Aber sie sind von Lösungen noch weit entfernt. Um es einmal an einem plastischen

Beispiel zu beschreiben: Ich möchte nicht, daß die Stadt Köln in Düsseldorf eine Stadthalle baut und in eigener Regie betreibt - oder umgekehrt. Aber wenn es unbedingt gewollt ist, dann möchte ich wenigstens, daß das in gegenseitigem Einvernehmen geregelt wird. Sofern also die Kölner damit einverstanden sind, daß die Düsseldorfer in Köln bauen, habe ich nichts dagegen. Nur wenn das überfallartig geschieht, dann hat dieses Vorgehen nicht mehr viel mit einer kommunalen Selbstverwaltung für das Jahr 2000 und darüber hinaus zu tun. Unter dem Strich teile ich die Auffassung der Referenten, daß sich das bisherige Konzept im Grunde bewährt hat, daß aber auch ganz deutlich neue Handlungsformen gebraucht werden. Wir haben jetzt im Rahmen der Experimentierklausel auch viele Möglichkeiten dazu, diese zu erproben. Aber das wird uns allen eine Phase der Unsicherheit abnötigen.

Oebbecke

Ich würde gerne noch einmal auf Herrn Sauberzweig eingehen. Da geht es ja um die wirklich spannende Frage: Wie wird es mit den Gebietsabgrenzungen weitergehen? Und wie wirken sich in diesem Zusammenhang die Veränderungen aus, die vor allem aus der Technik auf uns zukommen? Das von Herrn Schleberger angesprochene Stadt-Umland-Problem stand ja im Grunde nur am Anfang. Als man nämlich, weil man einen PKW hatte, weit außerhalb wohnen konnte und dann bei Bedarf in die Stadt hineinfuhr, weitete sich die Lebenseinheit der Bürger über die Stadtgrenzen hinaus bis in den „Speckgürtel" aus. Es könnte sein, daß dieses Problem sogar inzwischen ein wenig entschärft ist. So gesehen ist der Telearbeitsplatz ein Weg, um Wohnen und Arbeiten wieder an einem Ort zusammenzuführen. Da wirkt sich dann das Ergebnis der wirtschaftlichen Tätigkeit zwar woanders aus, aber es reduziert sich gegenüber dem, was wir im Moment haben. Nur wenn man sich den Alltag der meisten Menschen in den Großstädten ansieht, dann ist es doch so, daß die Pendelei noch nicht Überhand genommen hat. Viele wohnen am Ort und arbeiten am Ort, den sie vielleicht auch ihr Leben lang nicht verlassen; die anderen wohnen in der Vorstadt und fahren regelmäßig in die Innenstadt. Es liegt wohl an unserem - wie Herr Siedentopf gesagt hat - ambulanten Lebensstil, daß wir den

Eindruck haben, alles schweift. Man müßte diese Bewegungen mal quantifizieren, um das genauer sagen zu können. Der Druck kommt tatsächlich eher aus dem wirtschaftlichen Bereich, und man darf das wahrscheinlich nicht als typisch ansehen.

Ich habe aufgrund dieser Diskussion und nach dem, was Herr Ellwein eben gesagt hat, den Eindruck, daß die Fülle der Regelungen, die wir haben, mit der starken Ausweitung der Tätigkeitsbereiche in der kommunalen Selbstverwaltung zusammenhängt. Die Kommunen unternehmen heute viel mehr als etwa zu Beginn des Jahrhunderts. Sie agieren sehr viel differenzierter und spezialisierter, haben einen hohen Informationsbedarf; letzterer wird allerdings zunehmend durch Regelungen abgedeckt, weil das entlastet. Auch das Beispiel, das Herr Held genannt hat, ist kein Einzelfall: Wenn nicht im Rahmen der kommunalen Selbstverwaltung politisch entschieden werden kann, bestellen sich die Städte und Gemeinden eine Regelung beim Land. So ist es tatsächlich gewesen. Daß wir das nicht mehr selbst fertigbringen, ist ein Beleg für die irgendwo vorhandene Überlastung der kommunalen Selbstverwaltung. Offenbar kann und will man nur noch die Konkretisierung vor Ort - etwa im Bereich der Bauleitplanung - selbst übernehmen. Alles andere muß anderswo geregelt werden.

Deshalb bin ich auch nicht sicher, ob Ihre Forderung, der Staat möge diese Vielzahl von Regelungen zurücknehmen, realistisch ist. Man könnte hier z.B. mit weicheren Normen und Vorgaben arbeiten. Nur ganz verzichten kann man auf diese Normen eigentlich nicht; sonst müßte die spezialisierte Verwalterei vor Ort alles selbst entscheiden und gemeinsame Grundlagen gingen verloren. Deshalb bin ich insgesamt skeptisch.

Siedentopf

Ich würde gerne bei Herrn Held nachfragen, welche positiven Erwartungen er hat, wenn er jetzt die Aufsicht in den Fällen, die man gemeinhin als „einverständliche begrenzte Rechtsverletzung“ bezeichnet, reduzieren will - oder im Hinlick auf die Dinge, die jetzt noch mehr im Schwange sind: die Standardabsenkung und die Experimentierklausel. Es könnte ja positiv enden, wenn nämlich die Kommunen daraus wirklich etwas machen und unterschiedliche

Modelle im Wettbewerb miteinander praktizieren. Ich habe nur die Befürchtung: erstens, daß die Kommunen insgesamt mit dieser Übertragung der Verantwortung überlastet sind, und zweitens, daß der individuelle Beamte oder Verwaltungsangehörige, der die Entscheidung treffen muß, ganz erheblich überlastet ist. In Rheinland-Pfalz gab es einen Gesetzentwurf der jetzigen Opposition, in dem stand praktisch drin, von allen Standards, von allen Rechtsvorschriften könne auf Antrag des Bürgers Abstand genommen werden. Der Bürger habe sogar einen Anspruch auf Freistellung, es sei denn, der Beamte kann ihm nachweisen, daß er dadurch an Leib und Leben gefährdet wird. Da kommt also plötzlich eine Verantwortung, eine Belastung auf den einzelnen Beamten zu - sozusagen eine Umkehrung des ganzen Entscheidungsgefüges -, auf die er gar nicht vorbereitet ist. Dadurch würden sicher Konflikte mit unserem rechtsstaatlichen System ausgelöst, so daß die Verwaltungsgerichte, die nur scheinbar im Hintergrund stehen, dann die Einheitlichkeit wieder herbeiführen müßten. Überhaupt sind die Verwaltungsgerichte in dieser kritisierbaren Funktion noch gar nicht erwähnt worden. Also welche Erwartungen haben Sie da, und wann glauben Sie, die Augen nicht mehr zudrücken zu können?

Breer

Ich will versuchen, einige Dinge aus der Praxis beizusteuern. Es ist heute noch nicht angesprochen worden, in welchem Umfang auf fachlicher Schiene - dafür gibt es den schönen Begriff „Fachbruderschaften“ - Absprachen getroffen werden. Hier werden in manchen Bereichen über die Landes- und Bundespolitik auf fachlicher Ebene Standards festgeschrieben, die eine fachliche Diskussion in den Kommunen überflüssig machen. Wenn vorgegeben ist, mit welchen Vorschriften etwa im Kindergarten- oder Abwasserbereich der Gesetzgeber bestimmte Standards setzt, braucht der Rat nicht mehr zu entscheiden, ob er etwas so oder anders möchte. Dann ist ihm die Entscheidungsfreiheit genommen. Es liegt in der Konsequenz einer solchen Entwicklung, daß ich vor kurzem vom Vorsitzenden der Mehrheitsfraktion aufgefordert worden bin, nun doch mal endlich zivilen Ungehorsam zu üben und diese ganzen Vorschriften zu vergessen. Und in der Tat, unabhängig von dieser Äußerung sieht mein Umgang mit Mitarbeitern so aus, daß ich Ihnen sage - und zwar vor allem, wenn sie gerade von einer Schulung kommen, ihre Paragraphen mitbringen und ein schwieriger Fall zu entscheiden ist: Legt erst mal alle Gesetzestexte beiseite und überlegt, was Ihr vertreten könnt und wie Ihr dem Bürger Eure Entscheidung erklären könnt. Und wenn Ihr diese richtige Entscheidung gefunden habt, dann werden wir als gestandene Juristen wohl clever genug sein, die passenden Paragraphen dazu zu finden. Wir sind doch heute soweit, daß wir die Regelungsdichte, durch die wir von verschiedenen Seiten so sehr eingeengt sind, mehr oder weniger negieren. Und so sollten Verfahren in einem Rechtsstaat eigentlich nicht ablaufen.

Laux

Ich sehe jetzt auf die Uhr und darf vielleicht noch eine Bemerkung anfügen. Der Diskussionsbedarf ist relativ groß und der Erklärungsbedarf ebenso. Wir haben leider nur relativ kurz diskutieren können, aber ich bin nicht unzufrieden mit dem, was wir heute haben darstellen können. Es ist nicht möglich, auf komplizierte Probleme dieser Art in einer Zeit des Übergangs - in der wir jetzt leben - einfache Antworten zu geben. Notwendig ist vielmehr, diese Thematik in ihrer ganzen Breite immer wieder anzugehen, wobei man sich möglicherweise mit bescheidenen Lösungen begrenzter Art wird zufrieden geben müssen. Ein großes, neues Konzept ist nicht in Sicht. Das ist im übrigen der Vorwurf, den ich auch der Kommunalen Gemeinschaftsstelle gemacht habe, seit sie die neue Auffassung verfolgt, es müsse ein neues Selbstverständnis von Selbstverwaltung, eine Ausrichtung der Stadt auf die Funktion als Dienstleistungsunternehmen her. Das ist schon im Ansatz falsch. Es ist auch ideenmäßig gar nicht durchführbar. Da man aber klare Alternativen nicht hat oder auf eine gewisse Radikalität zurückgreifen müßte, warum soll man nicht den Versuch machen, ein vorhandenes System von seinen Schwächen zu befreien und insgesamt zu verbessern - immer in dem Bewußtsein, daß man ein Optimum ohnehin nicht erreichen kann. Wo viele Probleme - wie man heute so schön sagt - „globale Aspekte“ beinhalten, müssen wir doch erst einmal wissen, was das bedeutet und was sich damit verbindet. Ich finde, wir lassen uns von solchen Diskussionen im öffentlichen

Bereich zu schnell überrollen und sehen dabei zu sehr auf die Erscheinungen, die vordergründig sind, statt zunächst zu beobachten und zu studieren, was womit eigentlich bewirkt wird. Wenn heute über die globale Entwicklung diskutiert und festgestellt wird, daß wir eine ganz andere Ideologie und ganz andere Verhaltensweisen brauchen, dann mag das aus der Sicht der Wirtschaft legitim sein; sie muß ja auf Märkte reagieren. Man vergißt aber bei der Diskussion über die kommunale Selbstverwaltung immer, daß der Markt für die Selbstverwaltung die Bürger sind, die am Ort oder im Kreis wohnen. Von daher muß der Gedanke erneuert werden, der dem Verständnis der Selbstverwaltung zugrunde liegt.

Wir haben den Versuch gemacht, einige Erklärungen anzubieten, Rezepturen können wir allerdings nicht liefern. Und damit möchte ich meine Aufgabe beenden und Herrn Teppe das Schlußwort geben.

Professor Dr. Karl Teppe
Geschäftsführendes Präsidialmitglied der Freiherr-vom-Stein-Gesellschaft

Schlußwort

Meine sehr verehrten Damen und Herren,

wir nähern uns dem Ende dieses Cappenberger Gespräches, und mir ist die Aufgabe zugefallen, das Schlußwort zu sprechen. Das klingt sehr prätentiös und gleichsam so, als sollte ich an dieser Stelle auch ein Fazit ziehen. Dies liegt nicht in meiner Absicht. Die Schwierigkeiten eines solchen Unterfangens hat ja auch Herr Laux gerade angedeutet, wenngleich natürlich die Frage nach dem Ertrag einer solchen Tagung naheliegend ist.

In allen Beiträgen ist mehr oder weniger deutlich angeklungen, daß die kommunale Selbstverwaltung zu den herausragenden politischen Errungenschaften der neuzeitlichen Verfassungsgeschichte in Deutschland gehört, daß es sich um bewahrenswertes Gut handelt und daß wir es uns eigentlich nicht leisten können, diesen Grundpfeiler unseres demokratischen Staatsaufbaus weiterhin der Erosion preiszugeben, wenn nicht das Gemeinwesen selbst Schaden nehmen soll.

Die strukturellen Ursachen wie die Symptome dieser Gefährdungen der kommunalen Selbstverwaltung wurden scharfsinnig analysiert und in den Vorträgen wie auch in der Diskussion anschaulich illustriert. Es wurden Vorschläge gemacht, wie man Fehlentwicklungen begegnen und die Zukunftsfähigkeit der kommunalen Selbstverwaltung sicherstellen kann. Immerhin: Bei aller Sorge und Skepsis ist die Leitfrage der Tagung, nämlich die nach der Tragfähigkeit nicht verneint worden - im Gegenteil: Die Vorzüge und auch die noch vorhandenen Chancen dieses politischen Partizipationsmodells sind nur allzu deutlich geworden.

Wir sind allerdings alle Realisten genug, um uns hinsichtlich der Überzeugungskraft und auch der Umlaufgeschwindigkeit von wissenschaftlichen Argumenten in politischen Entscheidungsprozessen nicht irgendwelchen Illusionen hinzugeben. Und wir wissen auch, daß die Steuerbarkeit solcher Prozesse besonderen Gesetzmäßigkeiten unterliegt, daß abrupte Korrekturen und Weichenstellungen so gut wie unmöglich sind. Herr Sauberzweig hat darauf hingewiesen, und das Bild des Tankers, das Peter Glotz einmal in einem anderen Kontext gebraucht hat, drängt sich hier auf. Insofern kommt der Kursbestimmung um so größere Bedeutung zu. Hierin liegt auch der Grund dafür, warum die Freiherr-vom-Stein-Gesellschaft die kommunale Selbstverwaltung in diesem Jahr (1983 schon einmal) erneut zum Thema eines Cappenberger Gesprächs gemacht und mit einer perspektivischen Fragestellung verbunden hat.

Dieses Schlußwort darf freilich nicht beendet werden, ohne ein herzliches Wort des Dankes denjenigen zu sagen, die die Tagung konzipiert und durch ihre Referate und Wortbeiträge realisiert haben. Mein besonderer Dank gilt Herrn Laux, der das Tagungsthema vorgeschlagen hat, Herrn Ellwein und Herrn Oebbecke für die Übernahme der Hauptreferate sowie Herrn Siedentopf und Herrn Zimmermann für die Mitwirkung auf dem Podium, schließlich allen Diskutanten aus dem Plenum und natürlich Ihnen allen dafür, daß Sie so lange ausgehalten haben.

Ein Wort des Dankes geht auch an die Stadt Dortmund, und zwar dafür, daß wir heute in diesem schönen Ratssaal tagen durften, sowie für die vorzügliche Unterstützung bei der Vorbereitung und die uns gewährte Gastfreundschaft.

Wie alle vorangegangenen Cappenberger Gespräche wird auch das heutige publiziert werden. Dieser Hinweis ist für mich zugleich die Gelegenheit, bei Ihnen vielleicht das Interesse für eine Mitgliedschaft in der Freiherr-vom-Stein-Gesellschaft zu wecken. Denn als Mitglied erhalten Sie die Cappenberger Gespräche neben anderen Publikationen der Gesellschaft kostenlos, freilich nicht die Mitgliedschaft selbst. Der Jahresbeitrag beträgt 80 DM. Das nächste Cappenberger Gespräch wird - wir sind in einen Rhythmus von zwei Jahren übergewechselt - voraussichtlich 1999 in Berlin stattfinden, möglicherweise zu einem rechtspolitischen Thema. Ich hoffe, daß Sie mir diese Bemerkungen in eigener Sache zugestehen, daß Sie diese Tagung in guter Erinnerung behalten werden und schließe damit das 30. Cappenberger Gespräch.

Dr. Dietmar Breer
Stadtdirektor -
Stadt Gronau

Professor (em.) Dr. Dr. h.c. Thomas Ellwein (†)
Universität Konstanz

Friedrich Wilhelm Held
Ministerialdirigent -
Innenministerium des Landes Nordrhein-Westfalen

Dieter Krell
Regierungsvizepräsident -
Bezirksregierung Düsseldorf

Professor Dr. Eberhard Laux
Vizepräsident der Freiherr-vom-Stein-Gesellschaft
(Diskussionsleitung)

Professor Dr. Janbernd Oebbecke
Universität Münster

Professor Dr. Dieter Sauberzweig
Leiter des Deutschen Instituts für Urbanistik a.D.

Erwin Schleberger
Regierungspräsident a.D.

Professor Dr. Dr. h.c. Heinrich Siedentopf
Deutsche Hochschule für Verwaltungswissenschaften Speyer

Professor Dr. Karl Teppe
Geschäftsführendes Präsidialmitglied der Freiherr-vom-Stein-Gesellschaft

Felix Zimmermann
Hauptgeschäftsführer des Verbandes kommunaler Unternehmen e.V.

In dieser Reihe sind zuletzt erschienen:

Band 28:
Rückzug des Staates? Zur Rolle des Staates zwischen Legitimationskrise und politischer Neubestimmung. Ein Cappenberger Gespräch mit Referaten von Kurt Sontheimer und Gunnar Folke Schuppert, Köln 1996.

Band 27:
Kulturgut Stadt. Überlegungen zur Zukunft der europäischen Stadt. Ein Cappenberger Gespräch mit Referaten von Werner Durth und Thomas Sieverts, Köln 1994.

Band 26:
Föderalismus in Deutschland. Politik zwischen Einigungsprozeß und Europäischer Gemeinschaft. Ein Cappenberger Gespräch mit Referaten von Klaus von Dohnanyi und Horst Zimmermann, Köln 1992.

Band 25:
Verwaltung im Übergang. Vom zentralen Verwaltungsstaat in die dezentrale Demokratie. Ein Cappenberger Gespräch mit Referaten von Wolfgang Bernet und Klaus König, Köln 1991.

Band 24:
Multikulturelle Vielfalt in den Städten. Ein Cappenberger Gespräch mit Referaten von Manfred Rommel und Barbara John, Köln 1990.

Band 23:
Regionalisierung des europäischen Raums. Die Zukunft der Bundesländer im Spannungsfeld zwischen EG, Bund und Kommunen. Ein Cappenberger Gespräch mit Referaten von Lothar Späth und Fritz W. Scharpf, Köln 1989.

Band 22:
Bevölkerungsentwicklung - Fakten und Folgen. Ein Cappenberger Gespräch mit Referaten von Rita Süssmuth und Hans K. Schneider, Köln 1988.

Band 21:
Der Zustand des Rechtsstaates. Ein Cappenberger Gespräch mit Referaten von Peter Badura und Gerd Roellecke, Köln 1986.

Alle genannten Bände sind über den Buchhandel erhältlich. Ältere Titel können - falls beim Verlag vergriffen - noch über die Geschäftsstelle der Freiherr-vom-Stein-Gesellschaft, Warendorfer Straße 14, 48145 Münster, bezogen werden.

Auf Wunsch übersenden wir Ihnen auch ein Gesamtverzeichnis unserer Veröffentlichungen!